lipsten/caston

T. Marin
S. Magnelli

MW00679511

PROGETTO ITALIANO 1

Corso di lingua e civiltà italiana

VIII edizione

Livello elementare

Libro dei testi

EDILINGUA

www.edilingua.it

T. Marin ha studiato lingua e filologia italiana presso le Università degli Studi di Bologna e Aristotele di Salonicco. Ha conseguito il Master Itals (didattica dell'italiano) presso l'Università Ca' Foscari di Venezia e ha maturato la sua esperienza didattica insegnando presso varie scuole d'italiano. È autore di diversi testi per l'insegnamento della lingua italiana: *Progetto italiano 1, 2 e 3* (libri dei testi), *La Prova orale 1 e 2, Primo Ascolto, Ascolto Medio, Ascolto Avanzato, l'Intermedio in tasca, Ascolto Autentico, Vocabolario Visuale* e *Vocabolario Visuale - Quaderno degli esercizi* e ha curato la collana *Video italiano*. Ha tenuto varie conferenze sulla didattica dell'italiano come lingua straniera e sono stati pubblicati numerosi suoi articoli.

S. Magnelli insegna lingua e letteratura italiana presso il Dipartimento di Italianistica dell'Università Aristotele di Salonicco. Dal 1979 ad oggi si occupa dell'insegnamento dell'italiano come L2; ha collaborato con l'Istituto Italiano di Cultura di Salonicco, nei cui corsi ha insegnato fino al 1986; da allora è responsabile della progettazione didattica di Istituti linguistici operanti nel campo dell'italiano L2. È coautore di *Progetto italiano 1, 2 e 3* (libri degli esercizi).

© edizioni EdiLingua 2004
Moroianni 65 12133 Atene
Tel.: +30-210-57.33.900
Fax: +30-210-57.58.903
www.edilingua.it
info@edilingua.it

VIII edizione: maggio 2003
Impaginazione e progetto grafico: EdiLingua
Registrazioni: *Studio Echo*
ISBN 960-7706-95-1

I diritti di traduzione, di memorizzazione elettronica, di riproduzione e di adattamento totale o parziale, con qualsiasi mezzo (compresi i microfilm e le copie fotostatiche) sono riservati per tutto il mondo.

L'editore è a disposizione degli aventi diritto non potuti reperire; porrà inoltre rimedio, in caso di cortese segnalazione, ad eventuali omissioni o inesattezze nella citazione delle fonti.

Sentiamo il bisogno di ringraziare i tanti colleghi che, con le loro preziose osservazioni sull'edizione precedente, ci hanno permesso di migliorare, speriamo, quella nuova. Inoltre, gli amici colleghi che, provando questo materiale in classe, ne hanno indicato la forma definitiva.

ai nostri cari

edizioni EdiLingua

Progetto italiano 1 T. Marin - S. Magnelli
Corso multimediale di lingua e civiltà italiana.
Livello elementare

CD-ROM Interattivo - Progetto italiano 1
T. Marin
Corso multimediale d'italiano.
Livello elementare

Progetto italiano 2 T. Marin - S. Magnelli
Corso di lingua e civiltà italiana.
Livellointermedio - medio

Progetto italiano 3 T. Marin - S. Magnelli
Corso di lingua e civiltà italiana. Livello medio
- avanzato

Allegro 1 L. Toffolo - N. Nuti
Corso multimediale d'italiano. Livello
elementare

Allegro 1 A. Mandelli - N. Nuti
Esercizi supplementari e test di autocontrollo.
Livello elementare

Allegro 2 L. Toffolo - M. G. Tommasini
Corso multimediale d'italiano. Livello
preintermedio

Allegro 3 L. Toffolo - R. Merklinghaus
Corso multimediale d'italiano. Livello
intermedio

La Prova orale 1 T. Marin
Manuale di conversazione. Livello elementare

La Prova orale 2 T. Marin
Manuale di conversazione. Livello medio -
avanzato

Video italiano 1 A. Cepollaro
Videocorso italiano per stranieri. Livello
elementare - preintermedio

Video italiano 2 A. Cepollaro
Videocorso italiano per stranieri. Livello medio

Video italiano 3 A. Cepollaro
Videocorso italiano per stranieri. Livello
superiore

.it D. Forapani
Internet nella classe d'italiano - Attività per
scrivere e parlare (CD-ROM)

Vocabolario Visuale T. Marin
Livello elementare - preintermedio

**Vocabolario Visuale - Quaderno degli
esercizi** T. Marin
Attività sul lessico. Livello elementare - preintermedio

Diploma di lingua italiana A. Moni - M. A.
Rapacciuolo
Preparazione alle prove d'esame

Scriviamo! A. Moni
Attività per lo sviluppo dell'abilità di scrittura.
Livello elementare - intermedio

Sapore d'Italia M. Zurula
Antologia di testi. Livello medio

Primo Ascolto T. Marin
Materiale per lo sviluppo della comprensione
orale. Livello elementare

Ascolto Medio T. Marin
Materiale per lo sviluppo della comprensione
orale. Livello medio

Ascolto Avanzato T. Marin
Materiale per lo sviluppo della comprensione
orale. Livello superiore

l'Intermedio in tasca T. Marin
Antologia di testi. Livello preintermedio

Al circo! B. Beutelspacher
Italiano per bambini. Livello elementare

Una grammatica italiana per tutti 1
A. Latino - M. Muscolino
Livello elementare

Una grammatica italiana per tutti 2
A. Latino - M. Muscolino
Livello intermedio

**Le tendenze innovative del Quadro Comune
Europeo di Riferimento per le Lingue e del
Portfolio** (a cura di Elisabetta Jafrancesco,
ILSA)

**Insegnamento e apprendimento dell'italiano
L2 in età adulta** (a cura di Lucia Maddii,
IRRE Toscana)

Premessa

L'idea di un manuale d'italiano è nata molto prima che queste righe venissero scritte. La sua progettazione e stesura sono maturate dalla consapevolezza che la lingua è un insieme in continua evoluzione e il flusso di teorie e tecniche didattiche che vanno dalla glottodidattica alla sociolinguistica altrettanto costante. Era tempo, quindi, di proporre qualcosa di nuovo, consapevoli che nessun libro può coprire gli obiettivi comunicativi e linguistici di tutti gli studenti. Il libro che avete in mano, dunque, non ha la presunzione di essere perfetto oppure superiore ad altri di questo genere. Nostro scopo era quello di presentare un lavoro alquanto completo, in base alle nostre esperienze didattiche e ai suggerimenti dei tanti colleghi con cui abbiamo la fortuna di scambiare abbastanza spesso idee. Inoltre, abbiamo tenuto presente le nuove esigenze nate sia dalle teorie più recenti sia dalla realtà che le certificazioni d'italiano (Celi, Plida, Cils ecc.) e il *Quadro Comune di Riferimento Europeo* hanno portato. Questo senza buttare via, come spesso avviene, tutto ciò che gli approcci e i metodi precedenti hanno dato all'insegnamento delle lingue, bensì cercando un equilibrio, secondo noi assente, tra l'utile e il piacevole, l'efficace e l'interessante.

La lingua moderna, le situazioni comunicative "complete" e quanto più naturali possibile, il sistematico lavoro sulle quattro abilità, la presentazione della realtà italiana e l'impaginazione moderna e accattivante fanno di *Progetto italiano* uno strumento didattico bilanciato, efficiente e semplice nell'uso, che ha l'ambizione di far innamorare dell'Italia chi ne studia la lingua e, nello stesso tempo, di fornire tutte quelle nozioni che permetteranno di comunicare senza problemi in italiano.

Come meglio usare il libro

● All'inizio, l'allievo ascolta il brano registrato senza leggere il testo scritto. Riascolta il brano una seconda volta cercando di rispondere ad una breve prova di tipo vero/falso. Questo tentativo di capire il contesto crea una prima importantissima motivazione e porta ad una comprensione globale inconscia degli elementi nuovi.
● In seguito, legge il testo, risponde a domande orali leggermente più impegnative, prova a inserire le parole date (verbi, pronomi ecc.) in un dialogo simile, ma non identico, a quello introduttivo ed eventualmente cerca e sottolinea nel testo le nuove forme grammaticali: in questo modo comincia a fare delle ipotesi sull'uso di questi elementi. Solo adesso è consigliabile spiegare il lessico nuovo e verificare le risposte date. Un breve riassunto, da svolgere preferibilmente a casa, rappresenta la fase finale di questa riflessione sul testo.
● A questo punto gli allievi, da soli o in coppia, riflettono sulla grammatica osservando una semplice scheda e, subito dopo, provano ad applicare le regole appena incontrate esercitandosi su semplici attività orali. In tal modo l'insegnante può controllare la comprensione o meno dei nuovi fenomeni e gli allievi "imparano ad imparare". Una piccola tabella indica gli esercizi da svolgere per iscritto in una seconda fase e preferibilmente a casa.
● Le funzioni comunicative vengono, a loro volta, presentate attraverso microdialoghi e, in seguito, brevi schede. I "role-plays" che seguono possono essere svolti sia da una coppia davanti al resto della classe oppure da più coppie contemporaneamente. In tutti e due i casi l'obiettivo è l'uso dei nuovi elementi e un'espressione spontanea che porterà all'autonomia linguistica desiderata. Ogni intervento da parte dell'insegnante, quindi, dovrebbe mirare soltanto ad animare il dialogo e non all'accuratezza linguistica. Su quest'ultima si potrebbe intervenire in una seconda fase e in modo indiretto e impersonale.
● I testi di "Conosciamo l'Italia", infine, possono essere utilizzati come brevi prove per la comprensione scritta, per introdurre nuovo vocabolario e, naturalmente, per presentare vari aspetti della realtà italiana moderna. Nel primo caso è consigliabile assegnarli come compito da svolgere in classe o a casa, individualmente o in coppia.

Noterete che l'intero libro è un costante alternarsi di elementi comunicativi/testuali e strutturali, allo scopo di rinnovare continuamente l'interesse della classe e il ritmo della lezione, attraverso attività brevi e motivanti. Nello stesso tempo si è cercato di semplificare e di "smitizzare" la grammatica, lasciando che sia l'allievo a scoprirla in modo induttivo, per poi metterla in pratica nelle varie attività comunicative. Attività che lo mettono ancora di più al centro della lezione, protagonista di un "film" di cui noi insegnanti siamo registi. Noi sappiamo quel che bisogna fare perché il film abbia successo; restando dietro le camere (o le quinte, se volete), dobbiamo soltanto far da guida ai nostri attori, suggerire loro quando necessario, tirar fuori il meglio di loro, magari, a volte, recitando noi stessi. Ecco, *Progetto italiano 1* potrebbe esser visto come il copione su cui basare il vostro "film"...

Buon lavoro!

Benvenuti! Buon lavoro!

Cos'è l'Italia?

1 _Sicuramente conoscete parole italiane: sono sulle insegne di molti negozi, bar ecc.. Vediamo quante parole ricordate_

....

....

....

....

....

....

....

Se volete, completate adesso il questionario che si trova a pagina 15.

L'alfabeto italiano

A a	a		P p	pi	
B b	bi		Q q	cu	
C c	ci		R r	erre	
D d	di		S s	esse	
E e	e		T t	ti	
F f	effe		U u	u	
G g	gi		V v	vu (vi)	
H h	acca		Z z	zeta	
I i	i		J j	i lunga	
L l	elle		K k	cappa	*Solo in*
M m	emme		W w	doppia vu	*parole*
N n	enne		X x	ics	*straniere*
O o	o		Y y	ipsilon (i greca)	

2 Guardate di nuovo le parole delle prime due pagine (anche le vostre) e pronunciatele lettera per lettera

Pronuncia (1): c, g

Guardate le illustrazioni che seguono e notate le posizioni della bocca e della lingua quando si pronunciano i diversi suoni delle lettere **c** e **g**. Ascoltate le parole e poi ripetetele.

ca: *casa, catena, Pescara*
co: *cosa, stomaco, vescovo*
cu: *cuore, oscuro, scuola*

ga: *gara, magari*
go: *gonna, mago*
gu: *guerra, seguente*

ci: *cima, cielo, ciao*
ce: *cena, cancellare*

gi: *giorno, mangiare*
ge: *angelo, vangelo*

chi: *pochi, chiesa*
che: *maschera, amiche*

ghi: *Inghilterra, ghiaccio*
ghe: *targhe, Ungheria*

3 *Ascoltate le parole della cassetta e cercate di scriverle correttamente*

....
....
....
....
....
....

4 Come ti chiami?

Giorgia e due sue compagne entrano in un bar e trovano alcuni amici

Giorgia:	Ciao, ragazzi. Queste *sono* le mie amiche.
Anna:	Ciao, *io sono* Anna. Piacere.
Matteo:	Piacere. Io *mi chiamo* Matteo.
Roberto:	Io sono Roberto. E tu, come *ti chiami*?
Angela:	Angela. Piacere.
Giorgia:	Angela e Anna *sono* straniere; Angela *è* greca, di Atene e Anna *è* spagnola, di Barcellona.
Matteo:	Benvenute in Italia!
Anna e Angela:	Grazie!

to be

Il verbo **essere**

io	**sono**	di Milano
tu	**sei**	studente?
lui, lei	**è**	straniero/a
noi	**siamo**	italiani
voi	**siete**	di Madrid
loro	**sono**	insegnanti

Nel *Libro degli esercizi* vedete n. 1, 2, 3 e 4

5 *E tu, chi sei? Come ti chiami? Come si scrive il tuo nome in italiano?*

6 *I numeri: 1 - 30*

1	uno	11	undici	21	ventuno
2	due	12	dodici	22	ventidue
3	tre	13	tredici	23	ventitré
4	quattro	14	quattordici	24	ventiquattro
5	cinque	15	quindici	25	venticinque
6	sei	16	sedici	26	ventisei
7	sette	17	diciassette	27	ventisette
8	otto	18	diciotto	28	ventotto
9	nove	19	diciannove	29	ventinove
10	dieci	20	venti	30	trenta

7 Chi è? Quanti anni ha? Di dove è?

◆ Chi è questa ragazza?
◆ È Laura.
◆ Quanti anni ha?
◆ 20.
◆ Di dove è?
◆ Di Roma.

    ◆ Chi è questo ragazzo?
    ◆ Si chiama Pietro.
    ◆ Quanti anni ha?
    ◆ 23. È l'amico di Laura.
    ◆ Di dov'è?
    ◆ Anche lui è di Roma.

◆ Chi sono questi ragazzi?
◆ Paolo e Dino.
◆ Quanti anni hanno?
◆ Paolo ha 22 anni e Dino 20.
◆ Di dove sono?
◆ Di Verona.

    ◆ Chi sono quelle donne?
    ◆ Quella è Sofia; l'altra è Pina.
    ◆ E chi sono?
    ◆ Sono le professoresse d'ita-
      liano.
    ◆ Di dove sono?
    ◆ Sono di Perugia.

Nel *Libro degli esercizi* vedete n. 5, 6 e 7

Osservate:

io	**mi chiamo**	Marco
tu	**ti chiami**	Sofia
lui, lei	**si chiama**	Roberta

to have

Il verbo avere

io	**ho**	20 anni
tu	**hai**	ragione
lui, lei	**ha**	mal di testa
noi	**abbiamo**	pochi soldi
voi	**avete**	amici italiani?
loro	**hanno**	molte idee

8 ▷ *Sei A: chiedi al tuo compagno:*   ▷ *Sei B: rispondi alle domande di A*

Role-play

- *come si chiama*
- *come si scrive il suo nome e cognome*
- *quanti anni ha*
- *di dove è*

Alla fine A riferisce alla classe le risposte ricevute (B si chiama..., ha..., è di... ecc.)

Nel *Libro degli esercizi* vedete n. 8, 9 e 10

Pronuncia (2): s

Guardate le illustrazioni che seguono e notate le posizioni della bocca e della lingua quando si pronunciano i diversi suoni della lettera s. Ascoltate le parole e poi ripetetele

s: *serio, sorella, sport, mensa*
ss: *passare, stesso, cassa*

s: *peso, casa, Pisa, cosa*

sc: *sciopero, uscita, lasciare, pesce, scendere*

ma*: scherzo, schiuma ecc.*

9 *Ascoltate le parole della cassetta e cercate di scriverle correttamente*

....
....
....
....
....

L'articolo determinativo

maschile

singolare		plurale	
il	ragazzo, bambino	i	ragazzi, bambini
l'	aereo, uomo	gli	aerei, uomini
lo	sport, zio	gli	sport, zii

femminile

singolare		plurale	
la	ragazza, macchina	le	ragazze, macchine
l'	amica, isola	le	amiche, isole

10 *Mettete l'articolo determinativo*

1. .... mus<u>e</u>o
2. .... <u>o</u>pera
3. .... sp<u>i</u>rito
4. .... a<u>e</u>rei
5. .... part<u>i</u>ta

6. .... spagn<u>o</u>li
7. .... matt<u>i</u>ne
8. .... oro
9. .... <u>a</u>nima
10. .... zia

11. .... piatti
12. .... pan<u>i</u>no
13. .... itali<u>a</u>ni
14. .... scu<u>o</u>la
15. .... st<u>u</u>dio

Nel *Libro degli esercizi* vedete n. 11 e 12

Pronuncia (3): gl, gn, z

Guardate le illustrazioni che seguono e notate le posizioni della bocca e della lingua quando si pronunciano i diversi suoni delle lettere. Ascoltate le parole e poi ripetetele

gn: *bagno, gnocchi, magno*

gl: *meglio, gli, maglia*

***ma**: inglese, globale ecc. = [g]*

z: *zaino, zero, melanzana*
    azione, canzone, pranzo

zz: *mezzo, azzurro*
    pezzo, pazzo, pizza

11 *Ascoltate le parole della cassetta e cercate di scriverle correttamente*

....
....
....
....
....
....

I nomi
maschile

singolare: -o, -e		plurale: -i	
il	pes**o**	i	pes**i**
l'	aere**o**	gli	aere**i**
il	mar**e**	i	mar**i**
lo	stival**e**	gli	stival**i**

femminile

singolare: -a, -e		plurale: -e, -i	
la	bors**a**	le	bors**e**
l'	uscit**a**	le	uscit**e**
la	chiav**e**	le	chiav**i**
la	nav**e**	le	nav**i**

o	⇨	i
a	⇨	e
e	⇨	i

<u>**Nota:**</u> 1. Molte parole che finiscono in *-ione* e *-udine* sono femminili
(l'azi<u>o</u>ne = le azi<u>o</u>ni, l'abit<u>u</u>dine = le abit<u>u</u>dini ecc.)
2. Molte parole che finiscono in *-ore* sono maschili
(l'att<u>o</u>re = gli att<u>o</u>ri, l'orr<u>o</u>re = gli orr<u>o</u>ri ecc.)

12 *Oralmente date il plurale delle parole*

1. il naso	6. la bambina	11. il giornale
2. la libreria	7. il ristorante	12. il padre
3. l'ansia	8. la nazione	13. la madre
4. il pesce	9. lo stato	14. lo sconto
5. la luce	10. la finestra	15. l'orologio

Pronuncia (4): doppie consonanti

Ascoltate come si pronunciano le doppie consonanti e ripetete le parole

cc:	*piccolo, macchina*	**mm:**	*mamma, ammettere*
ff:	*affascinante, difficile*	**nn:**	*nonna, gonna*
gg:	*oggetto, pioggia*	**ss:**	*rosso, passare*
ll:	*bello, giallo*	**tt:**	*petto, contatto*

13 *Ascoltate le parole della cassetta e cercate di scriverle correttamente*

....
....
....
....
....
....

Sostantivi e aggettivi in -a

singolare	il il, la	problema, tema, programma, clima, telegramma, panorama turista, barista, tassista, pessimista, regista
plurale	i i/le	problemi, temi, programmi, climi, telegrammi, panorami turisti/**e**, baristi/**e**, tassisti/**e**, pessimisti/**e**, registi/**e**

Sostantivi femminili in -i

singolare	la, l'	crisi, analisi, tesi, sintesi, perifrasi, enfasi, ipotesi
plurale	le	crisi, analisi, tesi, sintesi, perifrasi, enfasi, ipotesi

Nomi indeclinabili

il caffè amaro	⇨	i caffè amari
il cinema moderno	⇨	i cinema moderni
il re d'Inghilterra	⇨	i re d'Inghilterra
il bar italiano	⇨	i bar italiani
lo sport, il film	⇨	gli sport, i film
la città, l'università, la virtù	⇨	le città, le università, le virtù
l'auto, la moto, la foto	⇨	le auto, le moto, le foto
la serie, la specie	⇨	le serie, le specie

Nel *Libro degli esercizi* vedete n. 13 - 17

Questionario

Questo questionario aiuterà voi ed il vostro insegnante a capire cosa vi interessa imparare. Completatelo con il suo aiuto (in lingua madre). Durante l'anno guardate di nuovo le vostre risposte e controllate se i vostri obiettivi sono raggiunti o meno.

Perché studi l'italiano?
(massimo 2 risposte)

☐ Perché è una lingua bella.
☐ Perché è/sarà utile per il mio lavoro.
☐ Perché mi piace la cultura italiana.
☐ Per studiare in Italia.
☐ Per scrivere ad amici italiani.
☐ Per visitare l'Italia come turista.
☐ Per diventare insegnante d'italiano.
☐ Perché mi serve un diploma.

Cos'è più importante per te?
(massimo 2 risposte)

☐ Capire gli italiani quando parlano.
☐ Parlare con gli italiani senza problemi.
☐ Leggere riviste, giornali, libri, moduli italiani.
☐ Scrivere lettere formali ed informali.
☐ Seguire la tv italiana.

Dell'Italia ti interessa:
(massimo 4 risposte)

☐ la musica   ☐ il cinema
☐ la letteratura   ☐ l'opera
☐ la moda   ☐ l'arte/l'architettura
☐ lo sport   ☐ la storia

Se avete tempo, fate una breve discussione con l'insegnante sulle vostre risposte

Fate il test finale dell'unità

Un nuovo lavoro

Maria e Gianna parlano al telefono. Ascoltate il dialogo senza guardare il testo.
Non è importante capire ogni parola.

1 *Ascoltate di nuovo il dialogo e cercate di rispondere alle domande che seguono*

	vero	falso
1. Maria e Gianna parlano ogni giorno al telefono.		
2. Gianna non ha notizie da raccontare.		
3. Gianna lavora ancora in una farmacia.		
4. È contenta del suo nuovo lavoro.		

Maria: Pronto?

Gianna: Buonasera, Maria, sono Gianna.

Maria: Ehi, buonasera! Come stai?

Gianna: Bene, e tu?

Maria: Bene; è da un po' che non parliamo.

Gianna: Hai ragione. Ho molte cose da raccontare.

Maria: Cioè?

Gianna: La cosa più importante è che non lavoro più in quella farmacia vicino a casa mia.

Maria: Ah, no? E dove lavori adesso?

Gianna: Al CTS, il Centro Turistico Studentesco.

Maria: Bene, complimenti! Sei soddisfatta?

Gianna: Abbastanza: i colleghi sono tutti simpatici, il direttore gentile e carino...

Maria: Hmm... interessante! ...E lo stipendio, l'orario?

Gianna: Purtroppo non pagano molto bene, ma l'orario non è tanto pesante. L'agenzia apre un po' presto la mattina, ma per fortuna non chiude tardi.

Maria: Cioè, a che ora finite di lavorare?

Gianna: Dipende. Di solito io torno a casa verso le sei; l'ufficio è vicino ad una stazione del metrò così non perdo molto tempo.

Maria: Brava, Gianna! Sono contenta per te.

CTS

CENTRO TURISTICO STUDENTESCO E GIOVANILE

2 *Rispondete oralmente alle domande*

1. Da quando non parlano le due ragazze?
2. Dove lavora adesso Gianna?
3. Com'è il nuovo lavoro di Gianna?

3 *Leggete e pronunciate*

Uno di voi è Gianna e un altro Maria: leggete il dialogo ad alta voce imitando l'intonazione italiana. Se necessario, ascoltate di nuovo la cassetta. Poi un'altra coppia può ripetere.

Osservate:

*"io non **lavoro** più in quella farmacia"*   *"è da un po' che noi due non **parliamo**"*

*"Gianna, a che ora **cominci** a lavorare?"*   *"a che ora **finite** di lavorare?"*

*"l'agenzia **chiude** presto"*   *"non **pagano** molto bene"*

4 *Collegate le frasi secondo l'esempio*

Maria e Luca	parte subito.
Io e Giorgio	non scrivi a Elena?
La metropolitana	vivono a Roma.
Ma voi ogni sera	guardiamo solo programmi sportivi.
Mario, perché	torno a casa molto stanco.
Dopo il lavoro	mangiate fuori?

5 *Completate il dialogo con i verbi della colonna a destra*

Maria: Adesso dove ....?

Gianna: .... al CTS.

Maria: Com'è lo stipendio?

Gianna: Loro non .... molto, ma l'orario non è pesante.

Maria: Cioè, a che ora .... e a che ora ....?

Gianna: L'agenzia .... abbastanza presto e .... verso le cinque. Poi io .... il metrò e .... a casa.

prendo

Lavoro

chiude

pagano

finite

lavori

cominciate

torno

apre

Il presente indicativo

	1ª coniugazione -are	2ª coniugazione -ere	3ª coniugazione -ire	
	lavorare	*prendere*	*aprire*	*finire*
io	lav**o**ro	prend**o**	apr**o**	fin**isco**
tu	lav**o**ri	prend**i**	apr**i**	fin**isci**
lui lei Lei	lav**o**ra	prend**e**	apr**e**	fin**isce**
noi	lavor**iamo**	prend**iamo**	apr**iamo**	fin**iamo**
voi	lavor**ate**	prend**ete**	apr**ite**	fin**ite**
loro	lav**o**r**ano**	prend**ono**	**a**pr**ono**	fin**iscono**

Nota: come <u>aprire</u> si coniugano pochi verbi: *dormire, offrire, partire, sentire* ecc.
come <u>finire</u> si coniuga la maggior parte dei verbi in -ire: *capire, preferire, spedire, unire, pulire, riferire, chiarire, costruire* ecc.

6 *Rispondete oralmente alle domande usando le frasi tra parentesi, secondo il modello*

Con chi parli? *(con Giorgio)* ⇨ *Parlo con Giorgio.*

1. Dove abiti? *(in centro)*
2. Che cosa guardano? *(il telegiornale)*
3. Che tipo di musica ascolti? *(musica italiana)*
4. Voi cosa prendete da mangiare? *(la carne)*
5. Capisci tutto quando parla l'insegnante? *(quasi tutto)*
6. Allora, cosa pensi di fare? *(di chiamare Giulia)*
7. Quando partite? *(lunedì mattina)*
8. L'ascensore non funziona; come scendi? *(a piedi)*

Nel *Libro degli esercizi* vedete n. 1 - 7

7 *Nel testo che segue ci sono alcuni articoli determinativi, che già conoscete, ed alcuni indetermi-*
nativi che vedete per la prima volta. Sottolineate questi ultimi

Caro diario,

oggi è un giorno particolare. Viene a cena Jennifer. Jennifer è un'amica a- mericana che conosco da molti anni. È una ragazza bellissima: occhi ver- di, capelli biondi e un corpo vera- mente bellissimo. Purtroppo non viene da sola: viene con il suo fidanzato, Saverio, uno studente di medicina. E io dico, caro diario: perché Jennifer preferisce uno che studia ancora a un imprenditore? Va be', la mia edicola non è ancora grande, ma almeno io sono un uomo d'affari, mica uno stu- dente...

8 *Rispondete oralmente alle domande*

1. Chi è Jennifer?
2. Chi è Saverio e cosa fa?
3. Che lavoro fa Paolo, l'autore del diario?

L'articolo indeterminativo			
maschile		**femminile**	
un	palazzo amico attore	una	ragazza studentessa maglietta
uno	studente sport zaino	un'	amica altra volta attrice

Caro diario,

oggi è .... giornata particolare. Viene a cena Saverio. Saverio è .... amico torinese che conosco da molti anni. E' .... ragazzo molto bello: occhi verdi, capelli castani lunghi, è alto ed è intelligente. Purtroppo non viene da solo; viene con la sua fidanzata, Jennifer, ... studentessa di Lettere, ... ragazza alta e magra.
E io dico, caro diario: perché Saverio preferisce .... che è tutta pelle e ossa e non .... donna vera come me? Cosa importa se peso un po' più di lui?

9 *Completate il testo con l'articolo indeterminativo*

10 *Sostituite oralmente con l'articolo indeterminativo*

1. il ragazzo alto
2. lo stipendio basso
3. la donna affascinante
4. l'orario pesante
5. lo zainetto moderno

6. l'attore famoso
7. l'attrice nota
8. la vita difficile
9. il viso bellissimo
10. lo spot pubblicitario

11. l'idea interessante
12. la giornata bella
13. l'uomo saggio
14. lo sport divertente
15. il corso d'italiano

Nel *Libro degli esercizi* vedete n. 8 e 9

Aggettivi in -e

il libro		l'uomo		il tema	
	interessante		intelligente		difficile
la storia		l'idea		la partita	

i libri		gli uomini		i temi	
	interessanti		intelligenti		difficili
le storie		le idee		le partite	

Nel *Libro degli esercizi* vedete n. 10

11 Chiedere e dare informazioni / Fare conoscenza

Ecco il primo incontro tra Saverio e Jennifer:

Jennifer: Scusa, come posso arrivare in centro?
Saverio: Prendi il 12 e scendi all'ultima fermata. Sei straniera, vero? Inglese?
Jennifer: No, sono americana.
Saverio: Ah, sì? Di dove sei esattamente?
Jennifer: Sono di Miami. E tu, sei milanese?
Saverio: No, sono di Torino. Sei qui in vacanza?
Jennifer: No, sono qui per studiare. Oggi è la mia seconda giornata a Milano.
Saverio: Allora, ben arrivata! Come ti chiami?
Jennifer: Jennifer, e tu?
Saverio: Saverio. Complimenti! Parli molto bene.
Jennifer: Grazie! È da due anni che studio l'italiano; l'Italia è la mia passione.
Saverio: Dove abiti?
Jennifer: Proprio in questa strada, al numero 45; e tu?
Saverio: Anch'io qua vicino.
Jennifer: Allora, a presto!
Saverio: A presto! Ciao!

12 *Completate i mini dialoghi*

● *Como posso all ultima fermata*?
● Prendi il 12 e scendi all'ultima fermata.

● *Sei Italiana*?
● No, sono spagnola.

● *Di dove sono esattamente*?
● Sono di Malaga.

● *sei qui in vacanza? per estudiare?*?
● No, sono qui per affari. (business)

● Da quanto tempo sei qui?
● *sono qui da tre mese*

● *Dove abiti*?
● In via Delle Belle Arti.

VIA DELLE BELLE ARTI

chiedere informazioni	dare informazioni
Sai come posso...?	*Prendi l'autobus e...*
Sei straniero, vero?	*Sì, sono francese.*
Di dove sei esattamente?	*Sono di Atene.*
Sei qui per studiare?	*Sono in Italia per motivi di lavoro.*
Da quanto tempo sei in Italia?	*Sono qua da una settimana.*
Dove abiti?	*Abito in via Giulio Cesare, al numero 3.*

13

Role-play

▷ **Sei A:** *chiedi al tuo compagno:*

- *se è straniero* tu pe straniera?
- *da quanto tempo studia l'italiano* studie?
- *di dove è esattamente*
- *dove abita* abiti?

▷ **Sei B:** *rispondi alle domande di A*

di sono straniera
studio italiano da 4 mese
sono di los angeles
abito a Bologna

Nel *Libro degli esercizi* vedete n. 11 e 12

14 Salutare <u>*Potete capire a quale mini dialogo corrisponde ogni foto?*</u>

ⓐ

1
- ◆ *Buongiorno!*
- ◆ *Buongiorno, Pina; come va?*
- ◆ *Bene, e tu?*
- ◆ *Anch'io bene.*

2
- ◆ *Salve!*
- ◆ *Ciao, Paola! Tutto bene?*
- ◆ *Abbastanza, e tu? Tutto a posto?*
- ◆ *Sì, tutto a posto.*

3
- ◆ *Allora, buon pomeriggio, signor Faini!*
- ◆ *Buon pomeriggio anche a te Tiziana e buon riposo!*

ⓑ

♦ *Buonasera, signor Berti!*

4 ♦ *Buonasera, Mara! Qualche messaggio?*

♦ *No, signor Berti. Nessun messaggio.*

5 ♦ *Buonanotte, ragazzi! Ci vediamo domani!*

♦ *Ciao, buonanotte a tutti!*

c

d

6 ♦ *È ora di andare a casa. Arrivederci!*

♦ *Arrivederci, Gianni!*

15 <u>*Immaginate il dialogo opportuno per le situazioni seguenti*</u>

La madre sveglia sua figlia. (09.00)

Una ragazza entra nel suo ufficio e saluta i colleghi. (08.00)

Due amici si incontrano per strada la mattina. (11.00)

Una ragazza esce dalla palestra e saluta l'impiegata. (19.00)

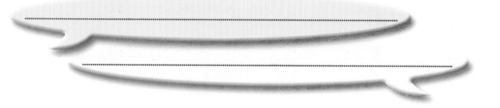

Il padre mette il figlio a letto. (22.00)

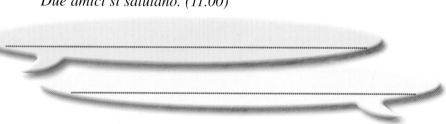

Due amici si salutano. (11.00)

Saluti

Buongiorno!	*Buonasera!*
Salve! (informale)	*Buonanotte!*
Buon pomeriggio!	*ArrivederLa!*
Ciao! (informale)	*Ci vediamo!* (informale)

16

Role-play

▷ **Sei A:** *saluta qualcuno:*

- ◆ *all'università la mattina*
- ◆ *quando esci dalla biblioteca alle 15.00*
- ◆ *al bar verso le 18.00*
- ◆ *quando esci dall'ufficio alle 20.00*
- ◆ *quando lasci gli amici per andare a letto*

▷ **Sei B:** *rispondi ai saluti di A*

17 La forma di cortesia

In italiano è possibile "*dare del tu*" ad una persona (p. es. "parli molto bene") oppure "*del Lei*". Quest'ultima è la <u>forma di cortesia</u>. Vediamo un esempio.

<u>La sig.ra Pertinelli fa l'iscrizione ad una palestra e l'impiegata completa una scheda con i dati personali della signora</u>

impiegata:	Come si chiama?	— *formal/3rd person*
Maria:	Maria Pertinelli.	
impiegata:	Quando è nata?	—
Maria:	Il 20 giugno 1970.	
impiegata:	Dove abita?	
Maria:	In via Manzoni 23.	
impiegata:	È sposata? *(are you married?)*	
Maria:	Sì.	
impiegata:	Fuma?	
Maria:	Sì, ma non molto.	
impiegata:	Ha qualche problema di salute?	
Maria:	No, nessuno.	
impiegata:	Bene. Buon allenamento!	
Maria:	Grazie mille!	
impiegata:	A Lei, signora!	

18

Role-play

▷ ***Sei A:*** *cominciando con "Scusi signore / signora / signorina...?" chiedi a qualcuno che non conosci tanto bene:*
- come si chiama
- quando è nato/a
- se è sposato/a
- se fuma molto
- se abita vicino

▷ ***Sei B:*** *rispondi ad A e continua: "E Lei?". A deve rispondere*

Nel *Libro degli esercizi* vedete n. 13

19 Com'è?

♦ Com'è Gloria? Bella?
♦ Sì; è alta e abbastanza magra. È molto simpatica.
♦ È bionda o bruna?
♦ Bruna: ha i capelli lisci e non molto lunghi.
♦ Altro?
♦ Certo; ha gli occhi azzurri e grandi e un naso alla francese.
♦ E come sono i nasi alla francese?
♦ Come quello di Gloria!

20 Il corpo umano

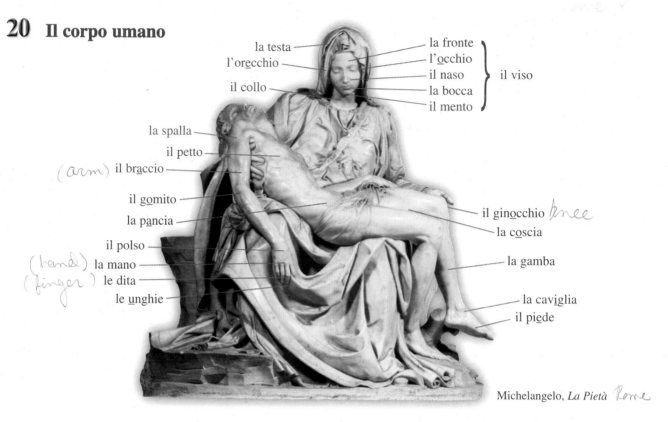

la testa
l'orecchio
il collo

la fronte
l'occhio
il naso
la bocca
il mento
} il viso

la spalla
il petto
(arm) il braccio
il gomito
la pancia
il polso
(hand) la mano
(finger) le dita
le unghie

il ginocchio *knee*
la coscia
la gamba
la caviglia
il piede

Michelangelo, *La Pietà* *Roma*

21 *Osservando la scheda che segue descrivete:*

a) voi stessi
b) un vostro compagno (gli altri devono capire di chi parlate)

aspetto — (aspects) physical characteristics		carattere		ha i capelli:	
è… / non è molto…		*è… / sembra…*		*curly* ricci lisci *straight*	
basso	alto	simpatico	antipatico	*short* corti lunghi *long*	
thin magro	grasso *fat*	*happy* allegro	triste	biondi, castani, neri, rossi	
giovane	vecchio	*rude* scortese	gentile *polite*	***ha gli occhi…***	
brutto	bello	*open-minded* aperto	chiuso *close-minded*	azzurri, castani, neri, verdi	

nocciola = brown eyes/hazelnut
chiaro — light
scuro — dark
contrasti — highlights

22 Scriviamo

1. Sei in una biblioteca; l'impiegato chiede i tuoi dati per completare la scheda d'iscrizione. Scrivi il dialogo che segue *(30-40 p.)*.
2. Leggi di nuovo il dialogo introduttivo dell'unità *(Un nuovo lavoro)* e scrivi un breve riassunto *(30-40 p.)*.
3. Presenta un tuo amico (nome, età, carattere, aspetto ecc.) *(30-40 p.)*.

Fate il test finale dell'unità

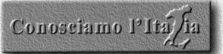
L'Italia: regioni e città

Superficie: 301.263 km²
Popolazione: 58.000.000 abitanti circa
Capitale: Roma (2.700.000 ab. circa)
Divisione politica: 20 regioni, 103
provincie e 8.090 comuni
Le regioni più grandi: Sicilia,
Sardegna e Lombardia
Le regioni più piccole: Val d'Aosta,
Molise e Liguria
Moneta: Euro

Un'intervista

La rivista Max intervista Eros Ramazzotti. Ascoltate il dialogo senza guardare il testo.
Non cercate di capire ogni parola.

1 *Riascoltate il dialogo e cercate di rispondere alle domande*

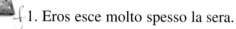

f 1. Eros esce molto spesso la sera.
✓ 2. Quando trova il tempo fa sport.
f 3. Quando escono vanno sempre a mangiare.
✓ 4. Il fine settimana, di solito, vanno in campagna.

vero	falso

Max: *Caro Eros, tutti conoscono più o meno le tue novità discografiche. Quello che non sappiamo è come passi il tuo tempo libero.*

Eros: Purtroppo non ho molto tempo libero e non esco tanto. A dire la verità, spesso vado a letto presto. Quando posso, gioco a calcio; come sapete, faccio parte della nazionale cantanti. Una o due volte alla settimana con Michelle, mia moglie, e gli amici più intimi andiamo fuori.

to go out

Max: *Dove andate quando uscite?*

Eros: A volte andiamo a mangiare, altre a bere qualcosa. Quando non abbiamo voglia di uscire, sono gli amici che vengono da noi: giochiamo a carte, discutiamo, oppure guardiamo la tv.

Max: *Come passate i fine settimana?*

Eros: Michelle ed io amiamo molto la natura, quasi ogni fine settimana andiamo al lago di Como dove ho una casa. Se viene qualche amico, facciamo delle gite o andiamo a pescare. Ma spesso sono all'estero per concerti e tournée. Infatti, fra un mese vado in Francia e in Spagna per due concerti: uno a Parigi e uno a Barcellona.

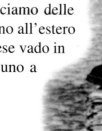

2 _Leggete il testo e rispondete oralmente alle domande_

1. Dove va di solito Eros quando esce?
2. Cosa fanno quando vengono a casa gli amici?
3. Dove va Eros il fine settimana?
4. Cosa fanno lì?

3 _Leggete e pronunciate_

Leggete ad alta voce l'intervista, cercando di imitare, se possibile, la pronuncia e l'intonazione delle persone ascoltate.

Presente indicativo
Verbi irregolari (1)

	andare _to go_			venire _to come_	
io	**vado**	al cinema		**vengo**	con te
tu	**vai**	via?		**vieni**	a casa mia?
lui/lei/Lei	**va**	a casa		**viene**	a Firenze
noi	**andiamo**	a fare spese		**veniamo**	in Italia
voi	**andate**	da Mario?		**venite**	a cena?
loro	**vanno**	a Roma		**vengono**	in aereo

You pl.

4 _Rispondete oralmente alle domande usando le frasi tra parentesi, secondo il modello_

Dove andate? _(al cinema)_ ➪ Andiamo al cinema.

1. Dove vai a quest'ora? _(a scuola)_ Vado a scuola
2. Da dove vieni? _(dall'aeroporto)_ Vengo dall'aero.
3. Come andate a casa di Gianni? _(in autobus)_ andiamo
4. Chi viene al concerto con me? _(io)_ Vengo con te
5. Quando va all'università Mario? _(ogni giorno)_ Mario va
6. Signorina, viene a casa mia stasera? _(con piacere!)_ Vengo
7. Ragazzi, noi andiamo a ballare; venite? _(volentieri!)_
8. Dove vanno Tiziana e Mauro? _(in centro)_ vanno in cen

Nel _Libro degli esercizi_ vedete n. 1 e 2

Presente indicativo
Verbi irregolari (2)

	dare *to give*	sapere *to know*	stare *to stay*	uscire *to exit / go out*
io	do	so	sto	esco
tu	dai	sai	stai	esci
lui/lei/Lei	dà	sa	sta	esce
noi	diamo	sappiamo	stiamo	usciamo
voi	date	sapete	state	uscite
loro	danno	sanno	stanno	escono

	bere (bevere) *to drink*	dire (dicere) *to say*	fare (facere) *to make*	sedere *to sit*
io	bevo	dico	faccio	siedo
tu	bevi	dici	fai	siedi
lui/lei/Lei	beve	dice	fa	siede
noi	beviamo	diciamo	facciamo	sediamo
voi	bevete	dite	fate	sedete
loro	bevono	dicono	fanno	siedono

	rimanere *to stay*	spegnere *to turn*	giocare *to play*	pagare *to pay*
io	rimango	spengo	gioco	pago
tu	rimani	spegni	giochi	paghi
lui/lei/Lei	rimane	spegne	gioca	paga
noi	rimaniamo	spegniamo	giochiamo	paghiamo
voi	rimanete	spegnete	giocate	pagate
loro	rimangono	spengono	giocano	pagano

You pl / they (handwritten annotation)

<u>Nota</u>: *I verbi come* giocare *e* pagare *sono regolari ma, come vedete, presentano una particolarità*

5 *Rispondete oralmente alle domande secondo il modello*

Cosa fai stasera? *(uscire con Paolo)* ⇨ *Esco con Paolo.*

1. Allora esci con noi sabato sera? *(no, rimanere a casa)* No, rimango a casa
2. Cosa fanno Eros Ramazzotti ed i suoi amici? *(giocare a cárte)* Giocano a carte
3. Perché dite questa cosa? *(perché sapere la verità)* Perché sappiamo la verità
4. Come stanno i tuoi genitori? *(stare molto bene)* stanno molto bene
5. Adesso che Dino sa tutto cosa pensa di fare? *(dire tutto a tua moglie)* Dico tutto
6. Chi paga questa volta? *(stasera pagare noi)* pago
7. Prendi qualcosa da bere? *(sì, bere un'aranciata)* sì, bevo un'aranciata
8. Qual è la prima cosa che fate la mattina? *(fare colazione)* facciamo

Nel *Libro degli esercizi* vedete n. 3, 4, 5 e 6

6 Invitare / accettare / rifiutare un invito

◆ Alessio, vieni con noi in discoteca?
◆ Purtroppo non posso, devo studiare.
◆ Ma dai, oggi è venerdì!
◆ Non è che non voglio, è che non posso!

◆ Che fai domani? Andiamo al mare?
◆ Sì, **volentieri**! Con questo bel tempo non ho voglia di restare in città.

◆ Carla, pensiamo di andare a teatro domani. Vuoi venire?
◆ Certo! È da un po' di tempo che voglio fare qualcosa di diverso.

◆ Senti, Laura, ho due biglietti per la Scala; che ne dici di andarci insieme stasera?
◆ Mi dispiace. Purtroppo non posso venire con te.
◆ Perché? Cosa devi fare?
◆ Mia madre non sta bene e devo stare con lei.

7 *Completate i mini dialoghi*

◆ Io e Maria pensiamo di andare al cinema. ....?
◆ .... È un'ottima idea.

◆ ....?
◆ Mi dispiace, non posso.

◆ Che ne dici di andare a Venezia per il fine settimana?
◆ ....

◆ Ho due biglietti per il concerto di Jovanotti. Ci andiamo?

◆ ....

◆ ....?

◆ Volentieri!

Invitare

Vieni...?
Vuoi venire...?
Andiamo...?
Che ne dici di andare...?

Accettare un invito	**Rifiutare un invito**
Sì, grazie! / Con piacere! *Certo!* *D'accordo!* *Perché no? È una bella idea.*	*Mi dispiace, ma non posso.* *Purtroppo non posso.* *No, grazie, devo...*

---

8 ▷ ___Sei A:___ *invita un tuo compagno:*   ▷ ___Sei B:___ *accetta o rifiuta gli inviti di A*

Role-play

◆ *al cinema*
◆ *ad una cena romantica*
◆ *ad una mostra d'arte*
◆ *a passare le vacanze insieme*
◆ *ad andare a fare spese insieme*
◆ *ad un fine settimana al mare*

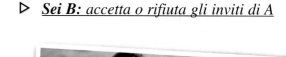

I verbi modali

Potere *can /to be able to*

Scusi, **posso** entrare?
Gianna, **puoi** aspettare anche me?
Professore, **può** ripetere, per favore?   **+ infinito**
Purtroppo non **possiamo** venire a Venezia con voi.
Ragazzi, **potete** fare meno rumore?
Marta e Luca non **possono** parlare ancora bene l'italiano.

Volere *to want*

Io **voglio** un caffè, e tu?   *voglio un caffè*
Piero, che regalo **vuoi** per il tuo compleanno?   *vorrei = I would like*
Che cosa **vuole** dire questa parola?   **+ infinito**
Stasera noi non **vogliamo** fare tardi.   **+ nome**
Volete bere qualcosa con noi?
Secondo me, loro non **vogliono** venire.

Dovere *= must*

Stasera **devo** restare a casa per studiare.
Che **devi** fare domani pomeriggio?
A quest'ora Gianfranco **deve** essere a casa.   **+ infinito**
Grazia, noi due **dobbiamo** parlare di una cosa.   **+ nome**
Quanti soldi **dovete** a Paola?
I ragazzi **devono** tornare a casa presto.

9 *Rispondete oralmente alle domande secondo il modello*

> Perché non vieni con noi? *(dovere studiare)* ⇨ *Perché devo studiare.*

1. Cosa fai sabato mattina? *(volere andare in montagna)*
   Io voglio andare in montagna
2. A che ora dovete tornare a casa? *(dovere tornare alle sei)*
   Noi dobbiamo tornare alle sei
3. Allora vengono anche Dino e Matteo? *(purtroppo loro non potere)*
   Purtroppo loro non possono
4. Perché Loredana studia tante ore? *(volere imparare l'italiano presto)*
   Lei vuole imparare l'italiano presto
5. Ragazzi, posso fumare? *(no, io non potere sopportare il fumo)*
   No, io non posso sopportare il fumo
6. Dove sono Patrizia e Chiara, secondo te? *(dovere essere a casa)*
   Loro devono essere a casa
7. Usciamo stasera o no? *(sì, se volere anche tu)*
   Sì, se vuoi anche tu
8. Perché Roberta è triste? *(non potere venire al mare con noi)*
   Non può venire al mare con noi

> Nel *Libro degli esercizi* vedete n. 7, 8 e 9

10 Dove abiti?

Leggete il dialogo tra Silvio e Carla e rispondete alle domande che seguono

Silvio: Ciao, Carla; come va?

Carla: Molto bene, e tu?

Silvio: Bene. Senti, domani sera organizzo una picco-la festa a casa mia. Vieni?

Carla: Certo! Ma non so dove abiti.

Silvio: Abito in via Giotto, 29.

Carla: Dove si trova, in centro o in periferia?

Silvio: Si trova in periferia, vicino Porta Maggiore. Se vieni, devi prendere il 12 e scendere due fermate prima del capolinea. Non è molto lontano dal centro.

Carla: Ma è una casa o un appartamento?

Silvio: Un appartamento al quinto piano. Per fortuna è abbastanza comodo e luminoso, con una grande terrazza.

Carla: Allora, sei fortunato. Il mio appartamento si trova al primo piano ed è piccolo: una camera da letto, la cucina e il bagno. Almeno non pago molto d'affitto: 210 euro al mese. Tu, inve-ce, devi pagare molto.

Silvio: 360 euro al mese, ma vale la pena. Vedi, il palazzo è nuovo e molto moderno.

1. Dove abita Silvio?

2. Com'è la sua casa?

3. Com'è la casa di Carla?

4. Quanto pagano d'affitto i due ragazzi?

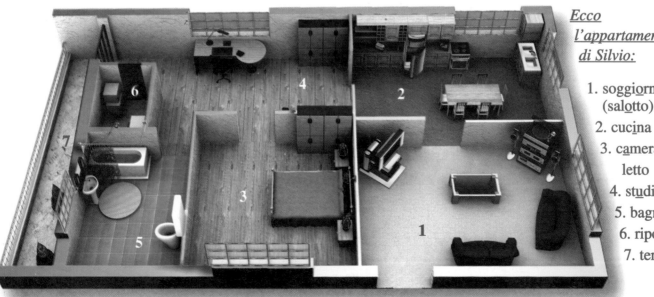

Ecco l'appartamento di Silvio:

1. soggiorno (salotto)
2. cucina
3. camera da letto
4. studio
5. bagno
6. ripostiglio
7. terrazza

Orale: *Fate una descrizione del vostro appartamento/della vostra casa: quante camere ha, a quale piano è, se è grande, comodo/a, luminoso/a, moderno/a ecc.*

11

I numeri 30 - 2.000

30	trenta	350	trecentocinquanta
31	trentuno	420	quattrocentoventi
40	quaranta	500	cinquecento
50	cinquanta	617	seicentodiciassette
60	sessanta	703	settecentotré
73	settantatré	811	ottocentoundici
88	ottantotto	990	novecentonovanta
90	novanta	1.000	mille
100	cento	1.900	millenovecento
200	duecento	2.000	duemila

I numeri ordinali 1° - 20°

1°	primo	11°	undicesimo
2°	secondo	12°	dodicesimo
3°	terzo	13°	tredicesimo
4°	quarto	14°	quattordicesimo
5°	quinto	15°	quindicesimo
6°	sesto	16°	sedicesimo
7°	settimo	17°	diciassettesimo
8°	ottavo	18°	diciottesimo
9°	nono	19°	diciannovesimo
10°	decimo	20°	ventesimo

Nel _Libro degli esercizi_ vedete n. 10

Preposizioni

	in	Italia, Grecia, Inghilterra, Spagna, Sicilia, Lombardia ecc. centro, ufficio, biblioteca, montagna, banca, città, discoteca, farmacia, vacanza, chiesa ecc. _pizzeria_ macchina, treno, autobus ecc.
vado...	**a(d)**	Roma, Parigi, Los Angeles, Sidney, Londra, Atene ecc. casa, letto, teatro, cena, piedi, una festa ecc. studiare, fare spese, ballare, lavorare ecc.
	al	cinema, mare, bar, ristorante ecc.
	da	un amico, Antonio, mio zio, solo ecc.

	in	Italia, Germania, Olanda, aereo, treno ecc.
vengo...	**a**	Pisa, piedi, casa, teatro ecc.
	da	Siena, Napoli, te, Nicola, solo ecc.

	da	Torino, Perugia, Atene ecc.
parto...	**per**	Ancona, Barcellona ecc. l'Italia, la Francia, gli Stati Uniti, l'estero ecc.
	in	aereo, macchina, treno, autobus, ottobre, novembre

12 *Rispondete oralmente alle domande secondo il modello*

> Dove andate stasera? *(cinema)* ⇨ *Andiamo al cinema.*

1. Da dove viene Francesco? *(Milano)*
2. Dove dovete andare domani? *(centro)*
3. Dove vanno i ragazzi a quest'ora? *(discoteca)*
4. In che modo vai a Roma? *(aereo)*
5. Che fai adesso? *(andare casa)*
6. Da dove viene Lucio? *(Palermo)*
7. Dove va Franco? *(Antonio)*
8. Dove andate così in fretta? *(centro)*

> Nel *Libro degli esercizi* vedete n. 11, 12, 13, 14 e 15

13 **Che giorno è?**

Leggete il dialogo tra Mauro e Silvia e rispondete alle domande che seguono

Mauro: Silvia, dobbiamo parlare. Possiamo uscire una di queste sere?
Silvia: Ma è così urgente?
Mauro: Certo che è urgente. ...Lunedì sera va bene?
Silvia: Impossibile, non posso. Lunedì ho un sacco di cose da fare.
Mauro: Allora, martedì mattina.
Silvia: No, sai che il martedì ho lezione all'università.
Mauro: Mercoledì?
Silvia: Purtroppo non posso. Mercoledì ho un appuntamento con Gabriella.
Mauro: Giovedì? Cosa devi fare giovedì pomeriggio?
Silvia: Mi dispiace, non posso; vado a fare spese insieme a Caterina.
Mauro: Allora, possiamo uscire venerdì sera?
Silvia: Va bene! Ah no, non posso... venerdì è il compleanno di mio fratello.
Mauro: E sabato? Sabato possiamo parlare?
Silvia: Sabato no. Di solito vado in montagna con le ragazze.
Mauro: Allora, domenica prossima. O domenica o mai.
Silvia: Ah no... la domenica preferisco stare a casa e leggere. Non ho voglia di parlare di cose serie!!!

1. Cosa deve fare Silvia lunedì sera?
2. Cosa fa il martedì mattina?
3. Mercoledì?
4. Dove deve andare giovedì pomeriggio?
5. Venerdì sera?
6. Cosa fa di solito il sabato?
7. Perché non può domenica prossima?

> Nel *Libro degli esercizi* vedete n. 16

14   **Che ora è / Che ore sono?**

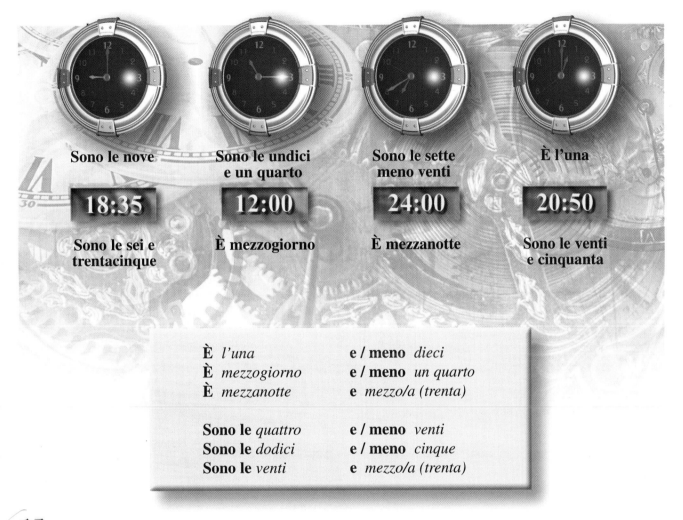

Sono le nove

Sono le undici
e un quarto

Sono le sette
meno venti

È l'una

18:35   **12:00**   **24:00**   **20:50**

Sono le sei e
trentacinque

È mezzogiorno

È mezzanotte

Sono le venti
e cinquanta

È *l'una*	**e / meno** *dieci*
È *mezzogiorno*	**e / meno** *un quarto*
È *mezzanotte*	**e** *mezzo/a (trenta)*
Sono le *quattro*	**e / meno** *venti*
Sono le *dodici*	**e / meno** *cinque*
Sono le *venti*	**e** *mezzo/a (trenta)*

15   *Rispondete oralmente alle domande secondo il modello*

Sai che ore sono? *(8:40)* ⇨
Sono le nove meno venti / Sono le otto e quaranta.

1. Scusi, sa che ore sono? *(22:30)*
   sono le venti due e medio
2. Scusa, sai per caso che ore sono? *(11:15)*
   Sono le undici e un quarto
3. Scusi, sa che ore sono? *(13:40)*
   Sono le quattordice meno venti
4. Scusa, Giuseppina, che ora è? *(12:00)*
   È mezzogiorno

5. Scusi, signor Martelli, che ore sono? *(16:45)*
   Sono le diciasette meno un quarto
6. Scusa, Roberto, sai che ore sono? *(09:35)*
   sono le nove e trentacinque
7. Scusi, signorina, sa per caso che ora è? *(01:00)*
   È l'una
8. Scusa, Michele, che ore sono? *(17:55)*
   Sono le diciotto meno cinque

Nel *Libro degli esercizi* vedete n. 17

Fate il test finale dell'unità

I mezzi di trasporto urbano

In Italia i mezzi di trasporto urbano più usati sono l'autobus e il tram, mentre a Roma, a Milano e a Napoli c'è anche il metrò. È possibile usare più di un mezzo con un solo biglietto che si compra in tabaccheria, bar e cartoleria. I carnet di dieci biglietti sono più convenienti. Nelle stazioni della metropolitana (che sono sotterranee) ci sono macchinette per la vendita automatica. All'inizio della corsa i passeggeri devono sempre convalidare (timbrare) il loro biglietto. Negli autobus e nei tram ci sono macchinette per la convalida; per il metrò, invece, si trovano nelle stazioni.

1 *Leggete il testo e rispondete alle domande. Non è necessario capire ogni parola*

1. Hanno il metrò
   - ☐ a. quasi tutte le città italiane
   - ☐ b. poche città
   - ☐ c. solo Roma

2. È possibile comprare il biglietto
   - ☐ a. in edicola
   - ☐ b. in tabaccheria
   - ☐ c. sull'autobus

3. Il passeggero dell'autobus deve convalidare il biglietto
   - ☐ a. prima di salire
   - ☐ b. quando scende
   - ☐ c. appena sale

2 *Osservate i biglietti e cercate di capire:*

a) da quale città proviene ogni biglietto
b) per quanti minuti può essere usato ogni biglietto
c) altre informazioni utili

Molti sono gli italiani che preferiscono usare l'auto per gli spostamenti in città. Di conseguenza, il traffico è uno dei problemi più gravi delle città italiane, soprattutto di quelle grandi. A causa dell'alto numero di macchine l'atmosfera non è tanto pulita ed è molto difficile trovare un parcheggio. Per fortuna, almeno i più giovani preferiscono usare il motorino e, spesso, la bicicletta per andare a scuola o all'università. Infine, c'è anche il taxi (o tassì), un mezzo costoso; di solito è per chi non ha la macchina e non sopporta i mezzi di trasporto pubblico, che sono spesso in ritardo e pieni di gente.

3 *Leggete il testo e delle affermazioni che seguono segnate solo quelle esatte. Se avete molte parole sconosciute, chiedetele all'insegnante*

1. Gli italiani usano l'auto soprattutto per fare gite in campagna. ☐
2. Non è facile trovare parcheggio nelle grandi città. ☐
3. I giovani usano i mezzi di trasporto pubblico, oppure il motorino. ☐
4. Le grandi città non hanno gravi problemi. ☐
5. I mezzi di trasporto urbano offrono ottimi servizi. ☐
6. Il taxi è un mezzo poco economico. ☐

4 Parliamo

1. Descrivete in breve le foto che vedete in queste due pagine.
2. Tu quale mezzo usi per andare al lavoro, a scuola ecc.? Perché? Scambiatevi idee.
3. Dei mezzi pubblici qual è il più e quale il meno costoso? Quanto costa un biglietto?
4. Usi il taxi e in quali occasioni?
5. Come passi il tuo tempo libero? Dove vai quando esci?

5 Scriviamo

1. Immaginate un'intervista del vostro artista (attore, cantante ecc.) preferito. *(80-100 p.)*
2. Scrivi una lettera ad un amico italiano per raccontare come passi il tuo tempo libero. *(80-100 p.)*
3. Descrivi la tua casa: dove si trova, com'è ecc. *(60-80 p.)*

Una lettera

Nicola è in Italia da pochi giorni e vuole spedire una lettera alla sua fidanzata; chiede, quindi, a Orlando come fare. Ascoltate il dialogo tra i due ragazzi senza guardare il testo. Non cercate di capire ogni parola.

1 *Riascoltate il dialogo e cercate di rispondere alle domande*

1. Nicola vuole scrivere alla sua fidanzata perché costa di meno.
2. Per spedire la lettera deve andare alla posta.
3. È possibile comprare francobolli dal tabaccaio.
4. Le Poste Italiane non sono molto rapide.

vero	falso
✓	
	✓
✓	
✓	

Nicola: Con queste telefonate internazionali spendo un sacco di soldi e, in più, non riesco mai a dire quello che ho in mente.

Orlando: Perché non scrivi una lettera? Così hai la possibilità di dire tutto quello che vuoi.

Nicola: Hai ragione. Però, ho bisogno d'aiuto: non so né dove comprare delle buste né dov'è la posta.

Orlando: Anzitutto, non è necessario andare alla posta. E puoi trovare buste in qualsiasi cartoleria.

Nicola: Ok, diciamo che scrivo la lettera e compro la busta; se non devo andare alla posta, che faccio?

Orlando: Incolli un francobollo e imbuchi la lettera nella prima buca rossa che incontri. Questo deve essere facile perfino per te.

Nicola: Spiritoso! E dove trovo i francobolli, per strada?

Orlando: Esatto! Entri in una delle tabaccherie che trovi per strada e chiedi un francobollo per l'estero. Semplice, no?

Nicola: Infatti, è semplice perfino per uno come me! Un'ultima cosa: c'è qualche buca per le lettere qua vicino?

Orlando: Ma ci sono dappertutto; una, per esempio, si trova in via Torre, accanto al bar dello studente. Però, meglio spedire la lettera espresso: le poste italiane sono tra le più lente del mondo.

2 _Leggete il testo e rispondete oralmente alle domande_

1. Perché Nicola vuole scrivere una lettera?
2. Cosa deve fare per spedire la lettera?
3. Dov'è possibile comprare francobolli?
4. Dove può imbucare la lettera?

3 _Leggete e pronunciate_

Leggete ad alta voce il dialogo, cercando di imitare, se possibile,
la pronuncia e l'intonazione delle persone ascoltate.

Preposizioni articolate

Secondo i medici, dobbiamo mangiare tre volte **al** giorno.
Per spedire un telegramma bisogna andare **alla** posta.
Alle cinque vado **allo** stadio a vedere il Milan.
Ci vediamo **all'**una **all'**aeroporto.
È vero che **agli** uomini piacciono le bionde?

a+il = **al**	a+i = **ai**
a+la = **alla**	a+le = **alle**
a+lo = **allo**	a+gli = **agli**
a+l' = **all'**	

Le calze sono **nella** valigia che è **nello** studio.
Nell'Italia meridionale fa caldo.
Le chiavi sono **nella** macchina di Giulio.
Mio zio vive **negli** Stati Uniti da circa vent'anni.
C'è un articolo interessante **nel** giornale.

in+il = **nel**	in+i = **nei**
in+la = **nella**	in+le = **nelle**
in+lo = **nello**	in+gli = **negli**
in+l' = **nell'**	

In Italia la maggior parte **delle** macchine sono Fiat.
I ragazzi **della** mia età sono abbastanza maturi.
Chi è il protagonista **del** film che andate a vedere?
La disoccupazione è uno **dei** problemi **dei** giovani.
Cosa pensi **dell'**amica di Paola?

di+il = **del**	di+i = **dei**
di+la = **della**	di+le = **delle**
di+lo = **dello**	di+gli = **degli**
di+l' = **dell'**	

Domani viene un mio amico **dall'**Italia, da Milano.
Forse andiamo a ballare, dipende **dalla** compagnia.
Ho mal di denti, devo andare **dal** dentista.
Lavoro **dalle** nove **alle** cinque.
L'ufficio di Ezio non è molto lontano **dallo** stadio.

da+il = **dal**	da+i = **dai**
da+la = **dalla**	da+le = **dalle**
da+lo = **dallo**	da+gli = **dagli**
da+l' = **dall'**	

Le chiavi di casa sono **sul** tavolo.
Le finestre della mia camera danno **sulla** piazza centrale.
Ha molte idee **sull'**argomento.
Tiziana è una ragazza **sui** vent'anni.
Ci sono poche macchine giapponesi **sulle** strade italiane.

su+il = **sul**	su+i = **sui**
su+la = **sulla**	su+le = **sulle**
su+lo = **sullo**	su+gli = **sugli**
su+l' = **sull'**	

Ma:

Stasera usciamo **con le** amiche di Patrizia.
Arriva **con il** treno delle otto. (nella lingua parlata anche **col** treno)
Domani sera esco **con l'**amica di Grazia.

Partono **per gli** Stati Uniti all'una.
Questo è un piccolo regalo **per il** tuo compleanno.
Per la prossima settimana dovete scrivere una lettera.

Ti aspetto **tra le** tre e le quattro.
Tra il dire e il fare c'è di mezzo il mare.
Fra gli studenti di questa classe c'è una bellissima ragazza.

4 *Rispondete oralmente alle domande secondo il modello*

> Dove vai? *(da/medico)*
> ⇨ *Vado dal medico.*

1. Da dove viene Alice? *(da/Olanda)*
2. Marta, dove sono i guanti? *(in/cassetto)*
3. Dove si trova il negozio di Alessandra? ***(vicino a/centro/di città)***
4. Di chi sono questi? *(di/ragazzi)*
5. Dove sono le riviste? *(su/tavolino)*
6. Chi è Fabio? *(uno di/ragazzi italiani)*
7. Vai spesso al cinema? *(una volta a/settimana)*
8. Sai dove sono le chiavi? *(in/borsa)*

5 **Osservate:**

- *Cosa pensi di fare stasera?*
- Non so ancora, vengono a casa **degli** amici.

- *Sembri preoccupato; che c'è?*
- Ho **dei** problemi con Rachele.

- *Perché hai bisogno di tanti soldi?*
- Devo comprare **dei** regali per tutti!

- *Cosa c'è nel sacchetto?*
- Ci sono **delle** riviste italiane.

Articolo indeterminativo al plurale

un	regalo	⇨ **dei** regali	*(alcuni regali)*
un	amico	⇨ **degli** amici	*(alcuni amici)*
una	ragazza	⇨ **delle** ragazze	*(alcune ragazze)*

ma anche: "Vado a comprare **del** latte" ⇨ *un po' di latte*
"Vuoi **dello** zucchero?" ⇨ *un po' di zucchero*

Nel *Libro degli esercizi* vedete n. 1 - 6

Preposizione semplice o articolata?

vado (sono)	in Italia, in biblioteca, a teatro, in chiesa, in autostrada, in banca, in ufficio, in treno,	e in particolare	nell'Italia del Sud. nella biblioteca comunale. al teatro Verdi. nella chiesa di S. Maria delle Grazie. nell'autostrada del sole. alla Banca Commerciale. nell'ufficio di mio padre. con il treno delle 10:00.

Nel *Libro degli esercizi* vedete n. 7 - 10

6. A che ora?

• Scusi, a che ora arriva il treno da Firenze?
• **Alle** 14.45.
• E a che ora parte l'Intercity per Milano?
• **Alle** 15.00.
• Grazie!
• Prego!

• Mauro, sai a che ora chiudono le banche?
• Non sono sicuro, ma penso **all'**una e mezza.
• E sono aperte anche il pomeriggio?
• Credo **dalle** tre **alle** cinque.

• Pronto, a che ora c'è il dottor Riotti?
• La mattina **dalle** 9.00 **alle** 13.00.
• E nel pomeriggio a che ora c'è?
• Viene **verso le** 16.00.
• Fino a che ora?
• **Fino alle** 20.00.

Role-play

7 ▷ *Sei A: chiedi al tuo compagno:*

◆ *quanto dorme (da ... a)*
◆ *a che ora fa colazione*
◆ *a che ora esce di casa la mattina*
◆ *a che ora pranza/cena (verso)*
◆ *a che ora guarda la tv*
◆ *a che ora esce la sera (da ... a)*

▷ *Sei B: rispondi alle domande di A*

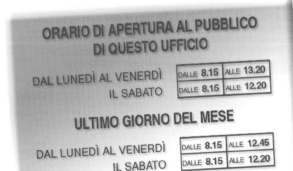

8 *Osservate la scheda con gli orari dei treni che partono da Bologna e dite a che ora e dove si ferma ogni treno secondo l'esempio:* "L' IC609 parte alle 18.50, arriva a Firenze alle 19.55, a Roma Termini alle 21.30 e a Napoli alle 23.30"

DA BOLOGNA PER FIRENZE - ROMA - NAPOLI								
	IC539	Exp	IC541	IC551	Loc	IC509	Exp	Dir
BOLOGNA C.LE	18.42	18.55	19.59	20.07	20.25	21.15	21.36	22.30
PRATO			20.49		21.37			23.23
FIRENZE S.M.N.	19.46	20.10	21.05	21.11	22.02	22.06	22.51	23.40
AREZZO				22.03				
TERONTOLA C.						23.00		
ROMA TERMINI	21.00	22.15	23.15	23.45		23.50		
NAPOLI	23.57	0.54	1.40				3.40	

> Nel *Libro degli esercizi* vedete n. 11 e 12

9 **Dove si trova questa città?**

Leggete questo breve dialogo e, osservando la mappa d'Italia, completate il testo che segue

◆ Dove si trova *Perugia*?
◆ È **sotto** *Firenze* e **sopra** *Roma*.
◆ E *Torino*?
◆ **A sinistra di** *Milano*, **vicino a** *Genova* e **sotto** *Aosta*.
◆ Dove si trova *Trento*?
◆ **A destra di** *Milano*, **sopra** *Venezia*.

Ancona si trova ....
Firenze, che è ....
Bologna.
Napoli è .... **Roma**
ma .... **Potenza** e
.... **Bari**.
San Marino è ....
Perugia, che si trova
.... **Siena**.
Catanzaro è ....
Palermo, che è ....
Cagliari.

10 Sai dov'è...?

- Dove sono gli abiti? - **Nell'/dentro** l'armadio.

- Dov'è il televisore? - **Accanto al** camino.

- Le sedie? - **Intorno al** tavolo.

- Dov'è la libreria? - È **dietro la** scrivania.

- Dov'è il quadro? - È **sulla** parete.

- Il tappeto? - **Davanti al** camino.

- Dov'è il divano? - **Tra le** poltrone.

11 *Osservate la foto e completate le frasi che seguono*

1. Il divano è *a destra del / accanto al* camino.
2. Il tavolino è .... divano.
3. La pianta e il tavolo sono .... divano.
4. Il tappeto è .... poltrone.
5. I libri e le tazzine del caffè sono .... tavolino.
6. Le sedie sono .... tavolo.
7. Le poltrone sono .... divano.
8. I quadri sono .... parete.
9. Il camino è .... quadro.
10. La lampada è .... divano.

Nel *Libro degli esercizi* vedete n. 13 - 15

12 C'è / ci sono

◆ Pronto! Buongiorno, signora Alessi! Sono Piero, c'è Matteo?
◆ Buongiorno, Piero! No, Matteo non c'è. Deve essere ancora all'università.

◆ È vero che domani non ci sono lezioni?
◆ Sì, c'è uno sciopero generale.

◆ Ciao, Paolo! Sei in ritardo, sai!
◆ Sì, lo so, ma oggi c'è veramente un traffico tremendo; ci sono troppe macchine in centro.

◆ Perché pensi di comprare il motorino?
◆ Perché nell'autobus c'è sempre molta gente; ci sono tante persone sedute o in piedi e questo mi dà fastidio.

Nel *Libro degli esercizi* vedete n. 16

13 Esprimere incertezza, dubbio

◆ C'è qualcosa di interessante in tv stasera?
◆ Mah, non so! Ci deve essere una partita di calcio.
◆ Ah, sì! C'è la partita tra la Juventus e il Milan. Sai a che ora comincia?
◆ Non sono sicuro. Penso alle 8... o è alle 9?
◆ Su quale canale?
◆ Forse su Canale 5.
◆ Allora andiamo dai ragazzi a vedere la partita?
◆ Può darsi; è ancora presto. Vediamo...

14

Role-play

▷ **Sei A:** *chiedi al tuo compagno:*

- *cosa deve fare stasera*
- *a che ora pensa di tornare a casa*
- *se sa usare le preposizioni*
- *quanto costa un caffè in Italia*
- *se vuole uscire con te domani*

▷ **Sei B:** *rispondi alle domande di A esprimendo incertezza e dubbio*

15 **Ringraziare e rispondere**

◆ Scusi, signora, sa a che ora arriva l'autobus?
◆ Fra dieci minuti, credo.
◆ **Grazie!**
◆ **Prego!**

◆ Senti, Giulia, stasera puoi portare una bottiglia di vino rosso?
◆ Certo, nessun problema.
◆ **Grazie mille!**
◆ **Figurati!**

◆ Ecco gli appunti per l'esame che devi dare.
◆ **Grazie tante**, Silvia!
◆ **Di niente!**

16 *Completate i mini dialoghi*

◆ Scusi, signore, sa dov'è la Banca Nazionale?
◆ Sì, è in via Manzoni, davanti all'università.
◆ ....
◆ ....

Banca Nazionale

◆ ....?
◆ Sono le 9.
◆ Grazie!
◆ ....

◆ Scusa, a che ora aprono i negozi il pomeriggio?
◆ ....
◆ ....
◆ Non c'è di che!

ORARIO d'APERTURA		
LUNEDÌ	9 - 12.30	15.30 - 19
MARTEDÌ	9 - 12.30	15.30 - 19
MERCOLEDÌ	9 - 12.30	15.30 - 19
GIOVEDÌ	9 - 12.30	15.30 - 19
VENERDÌ	9 - 12.30	15.30 - 19
SABATO	9 - 12.30	CHIUSO

Esprimere incertezza, dubbio	Ringraziare	Rispondere ad un ringraziamento
Mah, non (lo) so... *Non sono sicuro...* *Può darsi, forse, magari...* *Penso...* *Vediamo...*	*Grazie!* *Grazie tante!* *Grazie mille!* *Ti ringrazio!*	*Prego!* *Di niente!* *Figurati! (informale)* *Non c'è di che!*

Nel *Libro degli esercizi* vedete n. 17 e 18

Presente indicativo / Altri verbi irregolari

salire	tenere	scegliere	porre	tradurre	trarre
salgo	tengo	scelgo	pongo	traduco	traggo
sali	tieni	scegli	poni	traduci	trai
sale	tiene	sceglie	pone	traduce	trae
saliamo	teniamo	scegliamo	poniamo	traduciamo	traiamo
salite	tenete	scegliete	ponete	traducete	traete
salgono	tengono	scelgono	pongono	traducono	traggono

Osservate:

come *tenere* si coniugano: *mantenere, ritenere, contenere* ecc.

come *scegliere* si coniugano: *togliere, raccogliere* ecc.

come *porre* si coniugano: *proporre, esporre, comporre, supporre, imporre* ecc.

come *tradurre* si coniugano: *produrre, ridurre, condurre* ecc.

come *trarre* si coniugano: *estrarre, distrarre, attrarre* ecc.

17 *Oralmente completate le frasi che seguono secondo l'esempio*

Ogni mattina *(salire - io)* al 7° piano. ⇨ *Ogni mattina salgo al 7° piano.*

1. Non sono d'accordo con quello che *(proporre - tu)*.
2. Attenzione: non *(tradurre - voi)* parola per parola.
3. Maurizio *(scegliere)* sempre la parola giusta.
4. Paola è veramente affascinante, *(attrarre)* facilmente l'attenzione.
5. Carlo e Riccardo *(mantenere)* sempre le loro promesse.
6. Non so se viene anche Roberta, ma *(supporre)* di sì.
7. La nuova fabbrica della *FIAT (produrre)* 10.000 vetture all'anno.
8. Ogni tanto il governo *(imporre)* nuove tasse ai cittadini.

Nel *Libro degli esercizi* vedete n. 19

18 **Ascolto**

Ascoltate il brano e rispondete alle domande (Libro degli esercizi, p. 39)

19 I mesi e le stagioni

settembre	
ottobre	**autunno**
novembre	

marzo	
aprile	**primavera**
maggio	

dicembre	
gennaio	**inverno**
febbraio	

giugno	
luglio	**estate**
agosto	

Nel *Libro degli esercizi* vedete n. 21 e 22

20 I numeri dal 1.000 al 1.000.000

1.000	mille	10.900	diecimilanovecento
1.510	millecinquecentodieci	505.000	cinquecentocinquemila
1.821	milleottocentoventuno	920.120	novecentoventimilacentoventi
2.000	duemila	1.000.000	un milione
6.458	seimilaquattrocentocinquantotto	4.340.000	quattromilionitrecentoquarantamila

21

La signora Taviani ha fatto un giro per i negozi; osservate gli scontrini dei vari negozi e leggete i totali che ha pagato

22 Quanto costa? *Dite quanto costano le varie cose in Italia secondo il modello*

Un biglietto dell'autobus *(0,75 euro)* ⇨ *Costa settantacinque centesimi.*

1. Quanto costa andare in treno da Roma a Milano? *(36,1 euro)*
2. Quanto costa un biglietto aereo da Milano a Bologna? *(113,6 euro)*
3. Quanto costa una cartolina? *(1,34 euro)*
4. Quanto costa un francobollo? *(0,6 euro)*
5. Quanto costa un libro di 100 pagine? *(15 euro)*
6. Quanto costa una scheda telefonica? *(5,2 euro)*
7. Quanto costa un cd di musica italiana? *(19,6 euro)*
8. Quanto costa un caffè? *(0,92 euro)*

Nel *Libro degli esercizi* vedete n. 23 / *Fate il test finale*

Scrivere una lettera (informale/amichevole)...

Roma, 10 novembre

- *Caro (carissimo) Alberto,*
- *Caro/a amico/a,*

....
....

- *Ti bacio! / ti abbraccio*
- *Tanti baci! / bacioni!*
- *Il/la tuo/a amico/a*
- *A presto!*
- *Tanti saluti*
- *Tuo/a*

                                                Giulio/a

GARDINI ALESSANDRO
VIA DEI POETI, 24
00186 ROMA

PRIORITARIA
PRIORITY

CARLUCCI SILVIA
VIA SANTO STEFANO, 49
22475 BOLLATE (MI)

mittente:
chi manda la
lettera

destinatario:
chi riceve la
lettera

Alcune espressioni utili per scrivere una lettera

Esprimere conseguenza:

È, quindi, giusto.../ Per riuscire, dunque, a... / Di conseguenza, devo...

Esprimere un'opposizione:

Lei, invece, dice che... / È, tuttavia, inutile... / Lui, comunque, non vuole... /
Eppure, non è vero che... / Al contrario, secondo me...

Esprimere un'aggiunta:

Inoltre, bisogna pensare... / In più, c'è da dire che... / Non solo..., ma... / D'altra parte,...

Concludere una lettera, un argomento:

Concludendo,... / Riassumendo,... / In altri termini,... / Così,... / In breve,... / Infine,...

...e telefonare.

Telefonare da una cabina telefonica in Italia è molto semplice; si trovano per strada e in molti luoghi pubblici: bar, ospedali, stazioni, università ecc. Funzionano con monete e con carte telefoniche.

Ci sono schede da 2,50 euro, da 5 euro ecc., che uno può trovare dal tabaccaio. In più, è possibile comprare una Carta di Credito Telefonica che *"serve sempre e non finisce mai"*.

Per fare una chiamata urbana o interurbana bisogna fare prima il prefisso della città desiderata. Il prefisso di Milano è 02, di Roma 06, di Bologna 051 e così via.

Per telefonare dall'Italia all'estero bisogna conoscere, invece, il prefisso di ogni paese: per la Spagna è 0034, per la Grecia 0030, per la Gran Bretagna 0044 e per gli Stati Uniti 001 ecc. Il prefisso dell'Italia, infine, è 0039. Chi vuole chiamare, quindi, Roma dall'estero deve fare 0039-06- e il numero della persona che cerca.

Negli ultimi anni sono molto diffusi i telefoni cellulari (o telefonini). Gli italiani possono scegliere tra la rete della *Telecom Italia* (ex *SIP*) e altre private come, per esempio, quella della *Omnitel*, della *TIM* ecc.

Rispondete alle domande

1. Cosa sai delle cabine telefoniche italiane?
2. Quanti tipi di carte telefoniche esistono?
3. Qual è il prefisso di Milano per chi chiama dall'estero?
4. Ci sono differenze o somiglianze tra il servizio telefonico italiano e quello del vostro paese?

Come hai passato il fine settimana?

*Enzo e Lidia si incontrano all'università e parlano del fine settimana. Ascoltate il loro dialogo
senza guardare il testo. Non è importante capire ogni parola.*

1   *Ascoltate di nuovo il dialogo e cercate di rispondere alle domande*

	vero	falso
1. Enzo e Lidia si incontrano lunedì.	✓	
2. Lidia non è uscita affatto questo fine settimana.		✓
3. Enzo è andato in discoteca, ma non ha ballato.		✓
4. Alla fine è andato al cinema.	✓	

1. Enzo e Lidia si incontrano lunedì.
2. Lidia non è uscita affatto questo fine settimana.
3. Enzo è andato in discoteca, ma non ha ballato.
4. Alla fine è andato al cinema.

Enzo: Ciao, Lidia, come va?

Lidia: Non c'è male. Tu?

Enzo: Abbastanza bene. Come hai passato
il fine settimana?

Lidia: Sabato mattina sono uscita insieme
a Gianna. Siamo andate in giro per
la città e abbiamo fatto spese. Poi, la
sera siamo rimaste a casa e abbiamo
guardato la tv. Sai che a me non
piace uscire il sabato sera perché i
locali sono sempre affollati.

Enzo: Hai ragione. E ieri? Cosa hai fatto?

Lidia: Ieri sono andata da una collega. Abbiamo mangiato e poi abbiamo parlato di lavoro. Non
è stato per niente divertente devo ammettere, ma insomma! Sono rimasta fino a mezzanotte e poi sono tornata a casa. E tu con i ragazzi? Cosa avete fatto?

Enzo: Sabato sera siamo andati in discoteca. Abbiamo ballato e abbiamo bevuto, ma non abbiamo esagerato. Siamo tornati dopo le tre. Ieri, in-
vece, abbiamo deciso di non uscire. Verso le otto,
però, Paola ha avuto l'idea di andare al cinema.
Così siamo usciti in fretta e siamo andati a vedere
l'ultimo film di Gabriele Salvatores. Siamo entrati
nel cinema proprio un minuto prima dell'inizio
dello spettacolo.

Lidia: È stato bello, quindi.

Enzo: Sì, è stato un fine settimana abbastanza divertente.

2   *Leggete e pronunciate*

Uno di voi è Lidia e un altro è Enzo. Leggete ad alta voce il dialogo cercando di imitare, se possibile, la pronuncia e l'intonazione delle persone ascoltate.

3   *Il testo che segue è un riassunto del dialogo introduttivo. Cercate di completarlo usando i verbi a destra*

Sabato mattina Lidia ....*è uscita*.............. insieme a Gianna. .... in giro per la città e .... spese. La sera .... a casa e .... la tv. Domenica Lidia .... da una sua collega. .... e .... di lavoro. .... a casa dopo mezzanotte.

Enzo e i ragazzi sabato sera .... in discoteca. .... e .... senza esagerare. Domenica Paola .... l'idea di andare al cinema. .... nel cinema poco prima dell'inizio dello spettacolo.

Sono entrati
Sono andate
hanno bevuto
Hanno ballato
È tornata
è andata
hanno parlato
sono andati
sono rimaste
è uscita
Hanno mangiato
ha avuto
hanno fatto
hanno guardato

4   *Leggete di nuovo il testo e rispondete oralmente alle domande*

1. Cosa hanno fatto sabato Lidia e Gianna?
2. Cosa ha fatto Lidia domenica?
3. Cosa hanno fatto sabato Enzo ed i ragazzi?
4. Cos'è successo, invece, domenica sera?

Osservate:

Questo è il secondo tempo che incontriamo: è il *passato prossimo*. Osservate questi esempi e parlate in coppie cercando di spiegare come si usa.

come **hai passato** il fine settimana?	sabato mattina **sono uscita**...
abbiamo girato la città...	**è stato** divertente...
abbiamo guardato la tv...	**sono tornata** a casa...
ha avuto l'idea...	**siamo entrati** nel cinema...

• Quali verbi si coniugano con il verbo *avere* e quali con il verbo *essere*?
• Come si forma il participio passato?

Passato prossimo

presente di *avere* **o** *essere* **+ participio passato** ⇨ parlare = **parlato**
ricevere = **ricevuto**
finire = **finito**

ausiliare Avere + participio passato regolare

ho	parl**ato**	di te con Gianna.
hai	mangi**ato**	la pasta al dente?
ha	ricev**uto**	due cartoline.
abbiamo	vend**uto**	la vecchia casa.
avete	cap**ito**	il testo introduttivo?
hanno	dorm**ito**	molte ore.

5   *Completate oralmente le frasi secondo l'esempio*

Ieri *(io-guardare)* la tv fino a tardi.
Ieri ho guardato la tv fino a tardi.

1. Carla e Pina *(lavorare)* fino alle cinque.
2. Due giorni fa Giulio *(vendere)* la sua macchina. *a venduto*
3. Dopo tre ore *(noi-finire)* quel compito. *abbiamo finito*
4. Un anno fa *(io-visitare)* l'Italia. *ho visitato*
5. Letizia, dove *(tu-comprare)* questo vestito? *hai comprato*
6. Come mai *(voi-pensare)* di dare una festa? *avete pensare*

Nel *Libro degli esercizi* vedete n. 1 e 2

ausiliare Essere + participio passato regolare

sono	and**ato / a**	a teatro ieri.
sei	torn**ato / a**	già dal lavoro?
è	entr**ato / a**	in un negozio.
siamo	part**iti / e**	un mese fa.
siete	usc**iti / e**	l'altro ieri?
sono	sal**iti / e**	al quarto piano.

6   *Completate oralmente le frasi secondo l'esempio*

Marta *(partire)* presto da casa.
Marta è partita presto da casa.

1. L'estate scorsa *(noi-andare)* in Sardegna. *siamo andati*
2. Alla festa di Patrizio *(venire)* molta gente. *è venuta*
3. Nel 1991 *(io-partire)* per Bologna per la prima volta. *sono partita*
4. Lucio e Lucia *(uscire)* qualche minuto fa. *loro sono usciti*
5. A che ora *(tu-tornare)* ieri notte, Carla? *Tu sei tornata*
6. Se non sbaglio, *(io-arrivare)* alle 9 precise. *sono arrivata*

Nel *Libro degli esercizi* vedete n. 3, 4 e 5

7

Role-play

La polizia ha arrestato Luigi, un giovane
sospettato di un furto avvenuto il 12
dicembre. Uno di voi (A) è l'agente
che interroga Luigi per verificare
quello che è scritto nel suo diario.
Un altro (B) è Luigi che risponde
a domande di questo tipo:
cosa hai fatto alle...? /
dove sei andato...? / con chi...? /
che cosa avete fatto...? /
a che ora hai...?

lunedì 12 dicembre

10.10 andare all'università
12.00 parlare con il prof. Berti
14.00 mangiare alla mensa insieme a Gino
15.30 incontrare Nina al bar
17.00 andare dal dentista
18.20 chiamare Giorgio / parlare del test
18.30 - 20.00 studiare
20.30 ordinare pizza con Nina
22.30 - 01.00 guardare la tv / parlare con Nina
01.00 andare a letto

Essere o Avere?

you pl   they

A. Con l'ausiliare **essere** si coniugano:

to be (sono, sei, è, siamo, siete, sono)

stato

1. molti verbi di moto: *andare, venire, partire, tornare, entrare, uscire, salire, scendere, ritornare, rientrare, giungere* ecc.
2. molti verbi di stato in luogo: *stare, rimanere, restare* ecc.
3. alcuni verbi intransitivi: *essere, succedere, vivere, morire, nascere, piacere, costare, sembrare, servire, riuscire(a), diventare, durare, dimagrire, ingrassare* ecc.
4. i verbi riflessivi (9ª unità): *alzarsi, svegliarsi, lavarsi* ecc.

to have (ho, hai, ha, abbiamo, avete, hanno)

B. Con l'ausiliare **avere** si coniugano:

avuto → don't change

1. i verbi transitivi (che possono avere un 'oggetto'): *cambiare* (qualcosa), *mangiare* (qualcosa), *dire* (qualcosa a qualcuno) ecc.
2. alcuni verbi intransitivi: *dormire, ridere, piangere, correre, camminare, lavorare* ecc.

C. Si coniugano sia con **essere** sia con **avere** alcuni verbi come ad es.:

cambiare: a) *Gianna* **ha cambiato** *macchina*, ma b) *Gianna* **è cambiata** *ultimamente*
passare: a) **abbiamo passato** *un mese in montagna*, ma b) **sono passate** *già due ore*
finire: a) **ho** *appena* **finito** *di studiare*, ma b) *la lezione* **è finita** *un'ora fa*
ed altri come *scendere, salire, cominciare* ecc.

Nel *Libro degli esercizi* vedete n. 6

8 Raccontare

Vediamo adesso l'intero dialogo tra Luigi e l'agente

Agente: Cosa hai fatto il 12 dicembre?

Luigi: Ricordo bene che sono arrivato presto all'università e sono subito entrato nell'aula.

Agente: E poi?

Luigi: Poi sono andato alla mensa... Ah, no; prima ho parlato con il prof. Berti.

Agente: Poi cosa hai fatto?

Luigi: Ho mangiato e sono andato al bar a trovare Nina, la mia fidanzata. Abbiamo bevuto un caffè e dopo un'ora e mezza circa, cioè verso le cinque, sono andato dal dentista. Poi sono tornato a casa.

Agente: E lì, cosa hai fatto?

Luigi: Niente di speciale... più tardi è venuta anche Nina; abbiamo ordinato una pizza e abbiamo guardato la tv.

Agente: E dopo? Cos'è successo dopo?

Luigi: Allora... abbiamo parlato un po' e alla fine siamo andati a letto. Così abbiamo trascorso la nostra serata.

9

Role-play

Utilizzando le espressioni in blu, fate un nuovo dialogo in base ad un'altra pagina del diario di Luigi

Raccontare	
Anzitutto... / per primo poi... prima... / prima di... dopo...	dopo le due... più tardi... così... alla fine...

Nel *Libro degli esercizi* vedete n. 7

mercoledì 14 dicembre

- 12.30 incontrare Paola e Roberta in biblioteca
- 13.40 dare appunti a Mauro
- 14.00 andare alla mensa con le ragazze
- 16.00 andare a bere un caffè al bar dello studente
- 17.30 comprare dei cd in un negozio di dischi
- 19.00 tornare a casa e chiamare Luca
- 20.00-22.00 cercare delle informazioni su internet
- 22.00-23.30 ascoltare i nuovi cd insieme a Nina

Participi passati irregolari

ggere = tto	correggere	**corretto**	*Non ho ancora corretto i vostri compiti.*
	dire	**detto**	*Ha detto tutta la verità.*
	fare	**fatto**	*Cosa avete fatto di bello?*
	leggere	**letto**	*Hai letto "Il nome della rosa"?*
	rompere	**rotto**	*Il gatto ha rotto il vaso cinese.*
	scrivere	**scritto**	*Perché non hai scritto a Carla?*
dere = so/sto ndere = so	accendere	**acceso**	*Chi di voi ha acceso il televisore?*
	chiudere	**chiuso**	*Hai chiuso la porta a chiave?*
	decidere	**deciso**	*Non ho ancora deciso dove andare.*
	dividere	**diviso**	*Abbiamo diviso le spese in tre.*
	deludere	**deluso**	*Stefano non ha deluso la sua famiglia.*
	prendere	**preso**	*Sei sicuro che hai preso le chiavi?*
	scendere	**sceso**	*Il nonno è sceso a piedi dal 6° piano.*
	spendere	**speso**	*Ha speso un sacco di soldi per lei.*
	uccidere	**ucciso**	*Hai saputo chi ha ucciso la ragazza?*
	chiedere	**chiesto**	*Ho chiesto a Fabio un piccolo favore.*
orre = osto	proporre	**proposto**	*Luca ha proposto di mangiare fuori.*
	rimanere	**rimasto**	*Il fine settimana siamo rimaste a casa.*
	rispondere	**risposto**	*Ha risposto facilmente a tutte le domande.*
	vedere	**visto (veduto)**	*Avete visto l'ultimo film di Roberto Benigni?*
	aprire	**aperto**	*Attenzione! Il piccolo ha aperto la porta.*
	morire	**morto**	*È morto due anni fa.*
	offrire	**offerto**	*Ho offerto da bere a tutti.*
	soffrire	**sofferto**	*Hanno sofferto molto dopo la sua morte.*
tt = ss	discutere	**discusso**	*Allora, di cosa avete discusso?*
	esprimere	**espresso**	*Ha subito espresso dei dubbi.*
	mettere	**messo**	*Ma dove hai messo quella cravatta blu?*
	permettere	**permesso**	*Il padre ha permesso alla figlia di fare tardi.*
	promettere	**promesso**	*Hai promesso di venire con noi.*
	succedere	**successo**	*Non puoi immaginare cos'è successo!*
ngere, ncere = nto	giungere	**giunto**	*Colombo è giunto fino a Cuba.*
	spegnere	**spento**	*Perché non hai spento la luce?*
	piangere	**pianto**	*Dopo quell'esame ha pianto come un bambino.*
	vincere	**vinto**	*Hai saputo chi ha vinto il derby?*
	piacere	**piaciuto**	*Il film è piaciuto a tutti.*
	conoscere	**conosciuto**	*Ieri ho conosciuto una ragazza bellissima.*
	bere	**bevuto**	*Cosa hai bevuto?*
	correre	**corso**	*Stamattina ho corso nel parco.*
	essere/stare	**stato**	*C'è stato un incidente! / Sono stato male!*
	perdere	**perso**	*Stamattina ho perso il treno!*
gliere = lto urre = otto	scegliere	**scelto**	*Ha scelto di diventare ingegnere.*
	tradurre	**tradotto**	*Ha tradotto l'intero libro in una settimana!*
	venire	**venuto**	*È venuto anche quel ragazzo greco?*
	vivere	**vissuto**	*Ho vissuto una vera storia d'amore.*

10 _Completate oralmente le frasi secondo il modello_

> _(tu-leggere) il "Corriere" oggi?_ ⇨ _Hai letto il "Corriere" oggi?_

1. Chi ha _(vincere)_ lo scudetto l'anno scorso?
2. Tu che cosa hai _(chiedere)_ a Babbo Natale?
3. Alberto Moravia _(morire)_ nel 1990.
4. Sei sicuro che _(spegnere)_ la radio?
5. Marco _(dire)_ una piccola bugia a Saverio.
6. Voi dove _(conoscere)_ la signora Rossi?
7. _(Lui-piangere)_ per tre giorni interi dopo la sconfitta della sua squadra!
8. Io e Valeria _(rimanere)_ a casa tutto il giorno.

> Nel _Libro degli esercizi_ vedete n. 8, 9 e 10

11 Quando?

Maria Grazia cerca lavoro; deve fare, quindi, un colloquio presso una ditta. Ecco il dialogo tra il direttore e la ragazza. Leggete attentamente e poi rispondete alle domande

Direttore:	Signorina Grandi, quando e dove è nata?
Maria Grazia:	Nel 1977 a Mantova.
Direttore:	Data precisa, per favore.
Maria Grazia:	Il 23 giugno 1977.
Direttore:	Quando ha preso la laurea e in che cosa?
Maria Grazia:	Ho preso la laurea in economia e commercio tre mesi fa, cioè nel settembre scorso.
Direttore:	Ha mai lavorato nel passato?
Maria Grazia:	Sì, certo. L'anno scorso ho lavorato per qualche mese come commessa. Poi, in estate, ho lavorato in un'agenzia turistica come impiegata part time.
Direttore:	Vive da molto tempo a Milano?
Maria Grazia:	Sì, da quattro anni. Cioè da quando sono entrata all'università.
Direttore:	È da molto che cerca lavoro?
Maria Grazia:	No, solo il mese scorso ho cominciato a cercare sugli annunci; con la disoccupazione che c'è, è molto difficile trovare un buon posto.

1. Quando è nata Maria Grazia?
2. Quando ha finito la scuola?
3. Che laurea ha preso e quando?
4. Quando, dove e per quanto tempo ha lavorato?
5. Da quando cerca lavoro?

CERCO FABBRICA DI GUANTI PER DARE UNA MANO.

Osservate:

quando...?	un'ora fa tre giorni fa qualche mese fa molti anni fa tempo fa
	martedì scorso (passato) la settimana scorsa (passata) il mese scorso (passato) dicembre scorso (passato) l'estate scorsa (passata) l'anno scorso (passato)

Data precisa		
giorno:	è partito parte	**il** 18 gennaio / giovedì scorso **il** 20 marzo / domenica prossima
mese:	è tornato torna	**nel** novembre scorso **a / in** giugno, agosto ecc.
anno:	è nato è nato	**nel** 1982, **a** febbraio **nel** febbraio del 1982

12

▷ *Sei A: chiedi al tuo compagno quando:*　　　▷ *Sei B: rispondi alle domande di A*

- *è nato*
- *ha finito la scuola (elementare)*
- *è la festa nazionale del vostro paese*
- *è Natale*
- *ha cominciato a studiare l'italiano*

Alla fine A deve riferire al resto della classe le risposte di B ("è nato nel..." ecc.)

Role-play

13

In coppie, osservando i titoli dei giornali che seguono, scambiatevi informazioni sulla data di ogni avvenimento. Ad es. "-Quando è morto Federico Fellini?" "-Nel 1993"

Role-play

1960: Fellini gira "La dolce vita"

1981: Umberto Eco scrive "Il nome della rosa"

1982: L'Italia vince i mondiali di calcio

1958: Domenico Modugno vince a San Remo con "Volare"

1996: Muore Marcello Mastroianni

1945: Finisce la 2ª guerra mondiale

1992: Muore Enzo Ferrari

1992: Alberto Tomba diventa campione del mondo di sci

1993: Pavarotti registra "Pavarotti and friends"

1989: cade il muro di Berlino

Avverbi al passato prossimo

Eugenio	è	**sempre**	*stato*	gentile con me.
Rita,	hai	**già**	*finito*	di studiare?
Gianluca	è	**appena**	*uscito*	di casa.
Lei	ha	**mai**	*parlato*	di questa cosa.
Dora **non**	è	**ancora**	*venuta*	in ufficio.
Alfredo	ha	**più**	*detto*	niente.

ma:	ho	**anche**	*dormito*	un po'.
	è	venuta	**anche**	Alice.

Ci

- Vai alla festa di Mauro?
- Siete andati a teatro?
- Sei mai stato in Spagna?
- Quanti giorni siete rimasti a Roma?
- Stasera vieni con noi in discoteca?

- Sì, ci vado.
- Sì, ci siamo andati.
- No, non ci sono ancora stato.
- Ci siamo rimasti due settimane.
- No, non ci posso venire.

Nel *Libro degli esercizi* vedete n. 11 e 12

14 Al bar

Leggete il dialogo dei ragazzi e rispondete alle domande che seguono

Nadia: Dunque, cosa prendiamo?

Claudio: Io ho fame. Che c'è da mangiare? ...Scusi, possiamo avere un listino?

cameriere: Ecco a Lei. Torno fra un attimo.

Claudio: Grazie! Vediamo...

Silvia: Io so già cosa prendo: vorrei un cappuccino.

Nadia: Io, invece, dopo pranzo preferisco sempre il caffè al cappuccino.

Silvia: Tu, Claudio, hai deciso?

Claudio: Mah, non so... prendo un tramezzino; anzi, no, meglio se prendo una brioche. Cameriere!

cameriere: Avete deciso?

Silvia: Allora, un cappuccino per lei, un caffè macchiato per me e una bottiglia di acqua minerale. Claudio, tu alla fine cosa prendi?

Claudio: Per me un panino con prosciutto crudo e mozzarella e una birra alla spina... media.

cameriere: Grazie!

Silvia: Claudio, sei proprio un tipo deciso!!!

1. Cosa ha preso Nadia?   2. Cosa ha ordinato Silvia?   3. Cosa ha preso Claudio?

15 *Lavorate in coppie: guardate il listino e dite quanto hanno pagato i ragazzi*

BAR LA TAZZA D'ORO

CAFFETTERIA	€
Caffè espresso...............	0,90
Caffè corretto................	1,13
Caffè espresso decaffeinato.............	1,13
Cappuccino................	1,13
Caffelatte - Latte.............	1,00
Tè - Camomilla...............	1,13
Cioccolata in tazza - con panna........	1,30
Caffè - tè freddo...............	1,34

APERITIVI	€
Bitter - Campari..........	2,60
Martini: rosso - dry - bianco.....	2,60

LIQUORI	€
Liquori esteri...............	3,00
Liquori nazionali - Grappa........	2,00

BIBITE	€
Bibite lattina................	1,55
Bibite bottiglia...............	1,30
Succhi di frutta................	2,60
Birra alla spina piccola...............	1,55
Birra alla spina media...............	2,30
Birra in bottiglia (Ceres, Corona)......	2,30
Acqua minerale bicchiere...............	0,40
Acqua minerale bottiglia...............	1,55

PANINI	
Prosciutto crudo e mozzarella...........	1,80
Mozzarella, pomodoro	1,80

TRAMEZZINI	
Pomodoro, mozzarella, maionese........	1,45
Uova, prosciutto cotto, maionese.......	1,45

16

Role-play

Guardando il listino, drammatizzate un dialogo tra due persone che entrano in un bar e stanno per decidere cosa bere e mangiare. Se c'è tempo, un'altra coppia può ripetere

Ordinare	
cosa prendi? cosa prendiamo? vuoi bere qualcosa?	per me un... io prendo... preferisco il tè al caffè...
	io ho fame: vorrei un panino... ho sete: vorrei bere qualcosa...

---

dovere, potere e volere al passato prossimo

Ieri **sono dovuto partire** presto.
Stamattina **ho dovuto fare** colazione in fretta.

Purtroppo non **sono potuto andare** da Antonello.
Con quel rumore non **ho potuto studiare**.

Irene **è voluta diventare** medico.
Non **ha voluto continuare** quella relazione.

---

17 *Completate oralmente le frasi secondo il modello*

> Ieri *(io-dover lavorare)* molte ore. ⇨ *Ieri ho dovuto lavorare molte ore.*

avere (don't change) or essere

1. Non *(io-voler comprare)* una macchina di seconda mano.   *Io non ho voluto comprare*
2. Carla e Letizia *(dover salire)* al quinto piano a piedi.   *Sono dovute salire*
3. Ida *(voler continuare)* a studiare anche dopo mezzanotte.   *ha voluto continuare*
4. Signor Pertini, come *(poter affrontare)* questa situazione difficile?   *Ha potuto affrontare*
5. Alla fine, *(noi-dover tornare)* a casa da sole.   *Siamo dovute tornare*
6. Maurizio non *(poter trovare)* un parcheggio.   *ha potuto trovare*

> Nel *Libro degli esercizi* vedete n. 13, 14 e 15

18 Ascolto

Ascoltate il brano e rispondete alle domande (Libro degli esercizi, p. 48)

19 Parliamo

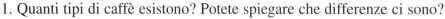

In base al dialogo che avete letto ed i vari listini prezzi presentati nelle foto scambiatevi idee rispondendo alle domande che seguono

1. Quanti tipi di caffè esistono? Potete spiegare che differenze ci sono?
2. Tu che caffè preferisci? Come lo bevi?
3. Secondo voi, costa molto bere un caffè e mangiare qualcosa in un bar italiano? Quanto costa, più o meno, da voi?
4. Ci sono somiglianze e differenze tra un bar italiano e uno del vostro paese? Spiegate.
5. Andate spesso a bere il caffè fuori? Parlate un po' del posto che preferite: dove si trova, com'è, perché ci andate spesso ecc.

20 Scriviamo

Scrivete una lettera ad un amico italiano nella quale, dopo i soliti saluti, raccontate un fine settimana appena trascorso *(80-100 p.)*.

> *Fate il test finale dell'unità*

Gli italiani e il bar

Sicuramente i bar italiani sono molto particolari. Per un italiano, infatti, una breve sosta al bar non manca dal suo programma giornaliero. La mattina fa colazione in piedi, beve un cappuccino e mangia un cornetto; nel pomeriggio un panino o una pizzetta e un dolce in fretta, spesso, sostituiscono il pranzo, accompagnati sempre da un buon espresso; la sera, infine, beve un bicchiere di birra o di vino e parla con gli amici.

I bar di provincia sono sicuramente più accoglienti e ospitali di quelli impersonali della città. Sono, infatti, un ritrovo soprattutto per gli uomini di ogni età: lì possono non solo bere, ma anche leggere il giornale, discutere di politica e di sport, giocare a carte e a biliardo.

Quanto costa un buon caffè?

Molto diversi sono, però, i bar quando il tempo permette di stare fuori; gli italiani siedono ai tavolini dei bar che danno su piazze o hanno spazio sul marciapiede: prendono il sole, osservano la gente che passa, leggono il giornale e, naturalmente, bevono un caffè o un aperitivo. Famosi, per esempio, sono i bar di Piazza San Marco a Venezia (come il leggendario "Florian").

La piazza è generalmente l'altro luogo di ritrovo preferito dai giovani italiani. Lì si danno appuntamento, parlano, scherzano, cantano, mangiano un gelato. Tipici esempi: Piazza di Spagna e Piazza Navona a Roma, Piazza del Duomo a Milano ecc.

Un'altra curiosità dei bar italiani sono i diversi servizi che offrono; molti bar, quelli che hanno fuori un'insegna con la lettera 'T', sono anche tabaccherie e vendono tantissime cose: sigarette, schede telefoniche, biglietti per l'autobus e il tram, schedine per il totocalcio e altri giochi di questo tipo, cartoline, francobolli, articoli da regalo ecc. In più, è possibile comprare dolci, caramelle e chewing gum e, naturalmente, gelati.

Venezia, Piazza San Marco: il "Florian"

Leggete il testo di p. 63 e rispondete alle domande. Non è necessario capire ogni parola

1. Per gli italiani il bar è un locale dove

❑ a. fanno solo colazione
❑ b. possono bere e mangiare
❑ c. passano soprattutto la serata

2. Quando il tempo è bello gli italiani

❑ a. preferiscono i gelati al caffè
❑ b. preferiscono le piazze ai bar
❑ c. preferiscono i bar che danno su piazze

3. Bar - tabaccherie sono

❑ a. tutti i bar di campagna
❑ b. i bar contrassegnati da una 'T'
❑ c. tutti i bar in estate

Il caffè

Il fatto che gli italiani chiamano 'caffè' l'espresso mostra il loro amore per questo caffè tanto particolare, dal gusto e l'aroma forti.

Tutto comincia nel 1902 quando il milanese G. Bessera inventa una macchina da caffè che permette di preparare il caffè in pochi secondi, grazie al vapore sotto pressione. Così, l'espresso (nome che mostra, appunto, la velocità della preparazione) entra nella vita degli italiani e diventa un simbolo dell'Italia. Tutti i momenti sono buoni per prendere un caffè; forse per questo esistono più tipi di espresso:

Caffè Segafredo Zanetti. L'espresso.

macchiato: espresso con un po' di latte
lungo: tazzina quasi piena; meno forte
ristretto: tazzina quasi a metà; più forte
caffelatte: latte con caffè
freddo: espresso dal frigorifero, soprattutto d'estate
corretto: con un po' di liquore, di solito brandy

Leggete il testo sul caffè e rispondete alle domande

1. Per gli italiani l'espresso è il caffè nazionale.
2. L'espresso è entrato nella vita italiana pochi anni fa.
3. Si chiama così solo perché si beve velocemente.
4. Il macchiato è caffè con poco latte.
5. Il lungo è il caffè più forte.

vero	falso

Oggi ogni ristorante e bar, ogni ufficio e casa hanno la versione moderna della macchina-espresso. Leggendaria è rimasta la vecchia Napoletana, mentre la più usata oggi è la Moka: in essa l'acqua sale per la pressione, passa dalla miscela del caffè e in pochi secondi dà un buon espresso. Naturalmente esistono tantissime caffettiere automatiche che preparano sia l'espresso sia il cappuccino, l'altro caffè italiano famoso nel mondo.

Il 'cappuccio' ha preso il suo nome dal colore degli abiti dei frati cappuccini. Praticamente si tratta di un espresso, al quale si aggiunge schiuma di latte.

Attenzione! Uno degli errori che spesso fanno molti stranieri è quello di confondere questi due tipi di caffè: alla fine di un pranzo chiedete sempre un espresso e mai un cappuccino. Per gli italiani, infatti, è impensabile bere un cappuccio dopo aver mangiato, mentre va bene a colazione. L'espresso, d'altra parte, si beve a tutte le ore!

La famosa
Moka Express

Rispondete oralmente alle domande

1. Come funziona la Moka?
2. Che differenza c'è tra l'espresso e il cappuccino?
3. Che errore fanno spesso molti stranieri?

Feste e viaggi

Ugo e Aldo parlano dei progetti che hanno per le feste. Ascoltate il loro dialogo senza guardare il testo. Non è importante capire ogni parola.

1 *Ascoltate di nuovo il dialogo e cercate di rispondere alle domande*

1. Quando parlano Aldo e Ugo è già Natale.
2. Ugo farà un viaggio in Europa.
3. Ugo ed Angela a Capodanno saranno in Italia.
4. Aldo passerà le feste lontano da Stefania.

vero	falso

Ugo: Buonasera, Aldo! Stai bene?

Aldo: Tutto bene, a parte il fatto che non so ancora cosa farò durante le vacanze di Natale. Voi cosa farete, invece?

Ugo: Io e Angela quest'anno faremo un viaggio. Abbiamo già programmato tutto.

Aldo: Ah, sì? E dove andrete?

Ugo: Partiremo il 22 dicembre per la Spagna in treno e il 26 andremo in Portogallo; ci resteremo per cinque giorni e, infine, a Capodanno saremo in Francia. Lì passeremo altri tre giorni e torneremo il 4 gennaio con il *TGV*; sai, il treno ad alta velocità francese.

Aldo: Ma voi farete quasi il giro d'Europa! Costerà un bel po', immagino!

Ugo: Eh, parecchio, ma vale la pena. Quello che è sicuro è che non faremo delle spese. Tu, Aldo, non hai ancora fatto un programma?

Aldo: All'inizio con Stefania abbiamo pensato di restare in città e passare le feste con calma. Lei, però, andrà al suo paese e tornerà dopo Capodanno. Quindi, questi giorni sarò solo; non sarà bello, ma almeno così studierò abbastanza e forse uscirò anche con qualche amico.

Ugo: E cosa farai la vigilia di Capodanno?

Aldo: Non lo so; forse verranno a casa degli amici, oppure andremo fuori tutti insieme in qualche bel posto. Vedremo. Comunque, buone feste!

Ugo: Grazie, Aldo! Buon Natale e buon anno anche a voi!

2 *Leggete e pronunciate*

Uno di voi è Ugo e un altro è Aldo. Leggete ad alta voce il dialogo, cercando di imitare, quanto possibile, la pronuncia e l'intonazione delle persone della cassetta. Insomma, dovete "recitare" leggendo.

3 *Rispondete oralmente alle domande*

1. Che progetti hanno Ugo e Angela?
2. Cosa ha pensato di fare Aldo? Cos'è cambiato?
3. Cosa farà Aldo a Capodanno?
4. Che auguri fa Ugo ad Aldo?

4 *Leggete di nuovo il dialogo e completate il testo che segue con i verbi dati*

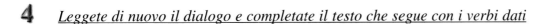

Aldo:	Avete deciso che cosa ....*farete*.......... a Natale?	*tornerà*
Ugo:	Noi quest'anno .... un viaggio. Il 22	*Torneremo*
	dicembre .... per la Spagna in treno e il 26	*farete*
	.... in Portogallo.	*partiremo*
Aldo:	Quanto ci ....?	*faremo*
Ugo:	In Portogallo ci .... cinque giorni; in	*resterete*
	Francia, invece, ci .... solo tre giorni.	*andrà*
Aldo:	Quando ....?	*passeremo*
Ugo:	.... il 4 gennaio, con il *TGV*, il treno ultra	*tornerete*
	veloce francese. Voi che cosa ....?	*studierò*
Aldo:	Purtroppo Stefania .... al suo paese e	*farete*
	.... dopo Capodanno.	*verranno*
Ugo:	E tu, cosa ....?	*saremo*
Aldo:	Sicuramente .... un po' di più, ma	*resteremo*
	non solo; .... fuori con gli	*andrò*
	amici, oppure .... loro a casa.	*farai*

5 *Completate oralmente le frasi secondo il modello*

> Quando partirà per la Spagna Ugo? ⤳ *Partirà il 22 dicembre.*

1. Dove sarà Ugo il 21 dicembre?
2. Quanti giorni resterà in Spagna?
3. Quando arriveranno in Portogallo Ugo e Angela?
4. Dove passeranno il Capodanno?
5. Quando torneranno in Italia?
6. Dove andrà Stefania?
7. Quando tornerà?
8. Cosa farà Aldo la vigilia di Capodanno?

Osservate:

> ...**uscirò** con gli amici.
>
> ...cosa **farai** la settimana prossima?
>
> ...**tornerà** dopo Capodanno.
>
> ...noi quest'anno **faremo** un viaggio.
>
> ...cosa **farete** a Natale?
>
> ...**verranno** a casa gli amici.

Futuro semplice

	studi**are**	prend**ere**	part**ire**
io	studi**erò**	prend**erò**	part**irò**
tu	studi**erai**	prend**erai**	part**irai**
lui/lei/Lei	studi**erà**	prend**erà**	part**irà**
noi	studi**eremo**	prend**eremo**	part**iremo**
voi	studi**erete**	prend**erete**	part**irete**
loro	studi**eranno**	prend**eranno**	part**iranno**

6 *Completate oralmente le frasi secondo l'esempio*

> A che ora *(tu-tornare)* a casa? ➪ *A che ora tornerai a casa?*

1. Chiara, quando *(imparare)* finalmente a guidare? *imparerai*
2. Stasera noi non *(uscire)*, *(restare)* a casa a guardare la tv. *usciremo, resteremo*
3. *(io-scrivere)* una lettera a Guido per spiegare tutta la verità. *scriverò*
4. Quest'anno gli esami *(finire)* il 4 luglio. *finerò*
5. Dario ha promesso che questa volta *(smettere)* di fumare. *smetterà*
6. Ragazzi, quando *(partire)* per le vacanze? *partirete*
7. Mamma, da grande *(io-diventare)* ingegnere! *diventerò*
8. Speriamo che il libro che abbiamo comprato *(piacere)* a Rosaria. *piacerà*

Futuro semplice

Verbi irregolari (1)

essere	avere	stare	dare	fare
sarò	avrò	starò	darò	farò
sarai	avrai	starai	darai	farai
sarà	avrà	starà	darà	farà
saremo	avremo	staremo	daremo	faremo
sarete	avrete	starete	darete	farete
saranno	avranno	staranno	daranno	faranno

(handwritten: to be, to have, to be, to give, to do)

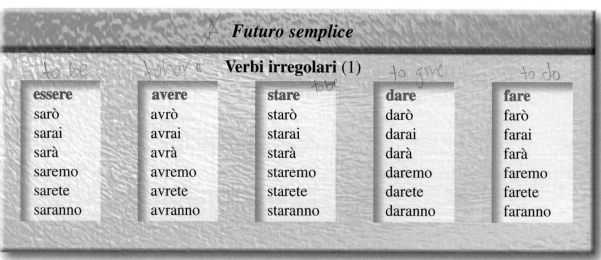

7 _Completate oralmente le frasi secondo il modello_

> Fra una settimana _(io-dare)_ un esame difficile.
> _Fra una settimana darò un esame difficile._

1. Cosa _(voi-fare)_ il prossimo fine settimana? _farete_
2. Dopo il viaggio Giulia _(avere)_ sicuramente molto da raccontare. _avrà_
3. Signora Bertinotti, a che ora _(Lei-essere)_ in ufficio? _sarà_
4. Hai deciso se _(tu-dare)_ una festa o no? _darai_ _farò_
5. Hai sentito il bollettino del tempo? Domani _(fare)_ un freddo cane!
6. Purtroppo domani _(io-avere)_ molto da fare. _avrò_
7. Oggi è sabato e _(esserci)_ sicuramente molta gente al supermercato. _ci sarà_
8. Hanno detto che _(stare)_ a casa perché aspettano una telefonata. _staranno_

> Nel _Libro degli esercizi_ vedete n. 1 - 5

8 **Usi del futuro**

to make a project **1. Fare progetti**	◆ Io quest'anno cercherò un nuovo lavoro. ◆ Io studierò per prendere la laurea. ◆ Questo mese farò la dieta.
provision **2. Fare previsioni**	◆ Secondo me, stasera pioverà. ◆ Diventerai un bravo avvocato! ◆ Non studi abbastanza, non supererai l'esame.
to make a hypothesis **3. Fare stime/ipotesi**	◆ Pina non è arrivata; sarà ancora a casa. ◆ - Che ore sono? - Saranno le 2. ◆ È abbastanza giovane, non avrà più di trent'anni.
promise **4. Fare promesse**	◆ Va bene, domani finirò tutto! ◆ Hai ragione! Quest'anno studierò di più! ◆ O.K., non uscirò più con lei. Prometto!
hypothetical time **5. Periodo ipotetico**	◆ Se domani farà bel tempo, andremo al mare. ◆ Se il Milan continua così, vincerà il campionato. ◆ Se dirai la verità, non avrai problemi.

> Nel _Libro degli esercizi_ vedete n. 6, 7 e 8

Verbi irregolari (2)

dovere	⇨ **dovrò**	volere	⇨ **vorrò**
potere	⇨ **potrò**	rimanere	⇨ **rimarrò**
sapere	⇨ **saprò**	bere	⇨ **berrò**
andare	⇨ **andrò**	venire	⇨ **verrò**
vedere	⇨ **vedrò**	tradurre	⇨ **tradurrò**
vivere	⇨ **vivrò**	tenere	⇨ **terrò**

...e particolari

spiegare	⇨ **spiegherò**
pagare	⇨ **pagherò**
cercare	⇨ **cercherò**
dimenticare	⇨ **dimenticherò**
mangiare	⇨ **mangerò**
cominciare	⇨ **comincerò**

9 *Completate oralmente le frasi secondo il modello*

> *(loro-venire)* verso l'una. ⇨ *Verranno verso l'una.*

1. Non so ancora niente, ma *(sapere)* tutto domani.
2. Gianna non viene, *(rimanere)* a casa.
3. È ancora presto; *(noi-vedere)*!
4. Se andate al cinema, Filippo *(volere)* venire.
5. *(voi-potere)* essere qui domani a mezzogiorno?
6. Ho deciso: *(io-andare)* a vivere in Italia.
7. Se non studi durante l'anno, *(dovere)* studiare molto alla fine.
8. Non ti preoccupare, *(io-mantenere)* la mia promessa.

Nel *Libro degli esercizi* vedete n. 9, 10 e 11

10 Viaggiare in treno

Leggete i dialoghi che seguono e rispondete alle domande

Alla biglietteria

♦ Scusi, a che ora parte il prossimo treno per Firenze?
♦ C'è l'Intercity fra venti minuti e un espresso alle 4.
♦ Allora... no, un biglietto con l'Intercity.
♦ Andata e ritorno?
♦ No, solo andata. Quant'è?
♦ Compreso il supplemento... sono 21 euro e 95 centesimi.

Verso il treno

♦ Scusi, da quale binario parte il treno per Firenze?
♦ Dal binario 12.
♦ Grazie!

Un annuncio

♦ Attenzione! L'Intercity 703 per Firenze - Bologna - Milano, è in arrivo al binario 8, anziché al binario 12.

Fuori dal treno

◆ Scusi, questo è il treno per Firenze, vero?

◆ Sì, signore, proprio questo.

◆ Grazie!

Sul treno

◆ Scusi, signora, questa è la seconda classe?

◆ Sì, siamo nella seconda.

◆ Grazie mille!

1. Che treni ci sono per Firenze? Quando partono?

2. Che biglietto ha fatto il protagonista del dialogo?

3. A quale binario arriva il 703?

4. Cosa chiede il protagonista quando sale sul treno?

11 *Completate i mini dialoghi con le battute mancanti*

◆ Un biglietto per Venezia, per favore.

◆ ....?

◆ No, solo andata. Quant'è?

◆ ....

◆ ....?

◆ L'Eurocity alle 11.

◆ ....?

◆ Fra mezz'ora.

◆ ....?

◆ Dal binario sei.

◆ Scusi, è questo il treno che va a Venezia?

◆ ....

12

Role-play

A: *Sei alla stazione di Milano e vuoi prendere il prossimo Intercity per Roma. Chiedi al
bigliettaio (B) informazioni su orari, prezzi, binari ecc. Infine, paghi il biglietto*

B: *Sei il bigliettaio; devi rispondere a tutte le domande di A*

13   *Tre coppie di amici passeranno una settimana sulle Alpi. Però, non mancano i problemi. Leggete il dialogo tra Nadia e Simona e rispondete alle domande che seguono*

Simona:	Quando partite per le Alpi?
Nadia:	La vigilia di Natale: la mattina del 24.
Simona:	Ma Teresa non lavora anche quella mattina?
Nadia:	Sì, partirà quando avrà finito; cioè quando verrà lei, noi saremo già arrivati.
Simona:	E Davide con Chiara viaggeranno insieme a voi?
Nadia:	No. Loro verranno dopo che saranno passati dai genitori di Chiara a Como.
Simona:	Ho capito. E quando tornate?
Nadia:	Io e Matteo andremo via il 2 gennaio.
Simona:	Sei molto fortunata. Vorrò sapere tutto quando sarete tornati.
Nadia:	Va bene. Ti chiamerò appena sarò entrata in casa.

	vero	falso
1. Nadia e Matteo arriveranno dopo Teresa.		
2. Teresa partirà per la montagna dopo il lavoro.		
3. Davide e Chiara, passeranno prima per Como.		
4. Nadia chiamerà Simona dalla strada.		

Futuro composto

Federico verrà	dopo che	avrò/avrai/avrà mangiato	sarò/sarai/sarà tornato/a
	appena		
	quando	avremo/avrete/avranno studiato	saremo/sarete/saranno arrivati/e

Uso del futuro composto

passato prossimo	presente	futuro	
		composto	semplice
ieri *ho studiato* poco	di solito *studio* abbastanza	domani, dopo che *avrò studiato…*	…uscirò
		1ª azione futura	2ª azione futura

Nota: Lo stesso vale se diciamo: *Uscirò* (2ª azione) *dopo che avrò finito* (1ª azione)

14   *Rispondete oralmente secondo il modello*

> Quando torni? *(dopo che finire)*
> Tornerò dopo che avrò finito.

1. Quando usciremo? *(quando venire i ragazzi)*
2. A che ora viene Giulio? *(dopo che guardare la partita di calcio)*
3. Quando partiremo per le isole Canarie? *(appena vincere al totocalcio)*
4. Quando andrai in vacanza? *(dopo che dare l'esame)*
5. Sai quando torneranno Gino e Lidia? *(quando spendere tutti i soldi)*
6. Quando farete un bambino? *(dopo che trovare un secondo lavoro)*
7. Mauro verrà o no? *(sì, appena finire di studiare)*
8. Quando cominceranno a lavorare le ragazze? *(quando trovare un buon posto)*

> Nel *Libro degli esercizi* vedete n. 12 - 15

15   **Il tempo**

Claudio e Valeria parlano del tempo. Leggete il dialogo ed il bollettino e rispondete alle doman-de che seguono

Valeria: Domani è domenica; faremo quella gita al mare o no?
Claudio: Mah, non so; secondo me, fa ancora freddo. Sai che tempo farà domani?
Valeria: No, ma sicuramente non pioverà. Oggi il tempo è molto bello. Non tira vento e non c'è nemmeno una nuvola in cielo.
Claudio: Sì, d'accordo, ma non è che fa tanto caldo per andare al mare. Poi, se ti ricordi, il fine settimana scorso è piovuto.
Valeria: Sei molto pessimista: vedrai che sarà una bellissima giornata.
Claudio: Va bene, ma io voglio ascoltare anche il bollettino del tempo alla radio.

Il bollettino meteorologico

"Buonasera. Queste sono le previsioni per domani, domenica 3 marzo: nuvolosità intensa su tutta la penisola. In particolare, nebbia al nord nelle prime ore del mattino, con possibilità di piogge nel pomeriggio. Al centro piogge o temporali con graduale miglioramento del tempo. Al Sud nuvoloso o poco nuvoloso con possibilità di piogge. Venti moderati. Mari: molto mosso il Tirreno, mosso l'Adriatico. Temperatura in diminuzione."

1. Che tempo fa oggi?
2. Che tempo farà domani secondo Valeria?
3. Che tempo farà secondo Claudio?
4. Quali sono le previsioni meteorologiche per domenica per il Nord?
5. Come sarà il tempo al Centro e al Sud?
6. Che previsioni ci sono per i venti, i mari e la temperatura?

Che tempo fa?

Il tempo è bello / brutto	⟷	Fa bel / brutto tempo
È freddo / caldo	⟷	Fa freddo / caldo
clear È sereno / nuvoloso	*cloudy (nuvole)*	
C'è il sole, la nebbia, vento	*sun, fog, wind*	
Piove / nevica / tira vento	*raining/snowing /windy*	

16

Role-play

A e B *pensano di fare una gita, ma non sanno ancora né dove né quando. Guardano, quindi, le previsioni meteorologiche e ne parlano. Immaginate cosa dicono per decidere città e giorno nei seguenti casi (o scegliete voi):*

1. A vuole andare a San Marino (zona 3)
2. B vuole andare ad Assisi (tra 6 e 3)

3. A vuole visitare Pompei (zona 7)
4. B vuole fare una gita al Lago Maggiore (zona 1)

Potete usare espressioni come: *perché sarà sereno / meglio andarci domenica che non pioverà / sarà nuvoloso ecc.*

17 *Osservando la mappa di sopra scrivete un brano simile al bollettino del punto 15*

18 **Ascolto**

Ascoltate il brano e rispondete alle domande (Libro degli esercizi, p. 61)

19   *a. Completate il testo scegliendo tra le parole date*

Il Natale è la festa .... più importante anche per gli italiani. Sicuramente non solo perché festeggiano la nascita di ....
.... In questo periodo c'è un'atmosfera .... dappertutto. Le strade, infatti, sono illuminate, i negozi e i supermercati pieni
di gente. C'è chi cerca dei .... per amici e parenti e chi fa
la spesa per il .... di Capodanno: il .... ripie-
no, gli spumanti e, naturalmente, il .... il tradizionale dolce natalizio degli italiani. Per molti questo è il periodo delle vacanze
e della cosiddetta "settimana ...." che vede le Alpi e le
altre montagne italiane quasi ....
Altre feste religiose importanti sono l'Epifania, la Pasqua, il ....
.............., quando "ogni scherzo vale", e Ferragosto.

festosa
tacchino
panettone
bianca
Carnevale
Cristo
religiosa
regali
cenone
affollate

b. Abbinate le parole relative tra di loro

meta	treno	supplemento	camera
scompartimento	bagagli	binario	prezzo
crociera	destinazione	prenotazione	rapido
valige	nave	tariffa	stazione

20   **Parliamo**

1. Come passate di solito il giorno di Natale nel vostro paese? Il Capodanno?
2. Avete progetti particolari per le feste di quest'anno? (se sono vicine)
3. Chi di voi viaggia spesso in treno e per quale motivo? Raccontate l'ultima volta (quando, dove, perché ecc.).
4. Quali i vantaggi o gli svantaggi del viaggiare in treno? Scambiatevi opinioni.
5. Come sono in genere i treni nel vostro paese? (sono moderni/vecchi, in orario/in ritardo, cari/economici, le stazioni, i biglietti ecc.) Scambiatevi opinioni ed esperienze.
6. Parlate dei paesi che avete visitato.
7. Quali volete visitare in futuro e perché?
8. Che tempo ha fatto ieri in tutto il paese?
9. Com'è il tempo oggi?
10. Quali sono le previsioni per domani?

21   **Scriviamo**

Hai ricevuto un invito per le feste da un amico che vive a Perugia. Nella tua risposta ringrazi, spieghi perché non puoi accettare l'invito e parli dei progetti che hai per quei giorni di festa *(80-100 p.)*.

> *Fate il test finale dell'unità*

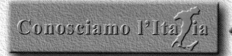
Gli italiani e le feste

Natale: i bambini aspettano Babbo Natale che porta i doni, mentre gli adulti vanno alla Messa di mezzanotte, addobbano l'albero di Natale e preparano il pranzo per tutta la famiglia. Il tacchino farcito, il pollo arrosto o altre specialità regionali, lo spumante e, infine, il panettone si trovano su tutte le tavole italiane.

Il Panettone: il tradizionale dolce natalizio degli italiani

Babbo Natale e la Befana a Piazza Navona

Epifania: il 6 gennaio i bambini appendono delle calze al camino per la Befana, una vecchia, che porterà i regali solo a chi è stato buono.

Carnevale: a Carnevale tutti si mascherano, ballano e festeggiano. Famoso in tutto il mondo è il Carnevale di Venezia, dove tutti indossano costumi e maschere rinascimentali. Molto noto anche quello di Viareggio.

Pasqua: la Pasqua cattolica cade sempre di domenica, tra il 22 marzo e il 25 aprile e celebra la Resurrezione di Cristo. I bambini ricevono l'uovo di Pasqua che nasconde un regalo. *"Natale con i tuoi, Pasqua con chi vuoi"* dice un vecchio proverbio italiano.

25 aprile: è la festa nazionale degli italiani, l'anniversario della Liberazione alla fine della seconda guerra mondiale (1945). Si festeggia con parate militari.

Ferragosto: il 15 agosto, durante le vacanze estive, si celebra l'ascesa (l'Assunzione) al cielo della Vergine Maria.

Infine, ci sono tantissime **feste popolari**: il *Palio* di Siena e quello di *Asti*, la *Regata Storica* di Venezia, la *Giostra del Saracino* ad Arezzo ecc.

Leggete il testo e segnate le affermazioni esatte (non è necessario capire ogni parola)

1. A Natale i bambini trovano i regali nelle calze che appendono. ☐
2. Il pranzo di Natale è molto importante per la famiglia. ☐
3. In Italia il Carnevale si festeggia solo a Venezia. ☐
4. A Pasqua le uova nascondono delle sorprese per i bambini. ☐
5. Il 25 aprile si festeggia l'unità dell'Italia. ☐

I treni in Italia

Gli italiani scelgono molto spesso di viaggiare in treno per distanze sia brevi che lunghe. La rete ferroviaria copre tutto il territorio, la qualità dei servizi offerti è piuttosto alta e le tariffe abbastanza economiche. Ecco i diversi tipi di treni che ci sono:

Il **Regionale** o **Interregionale** (ex locale) si ferma in tutte le stazioni ed è quindi il più lento. Di solito si tratta di treni vecchi che collegano piccole città.

Il **Diretto** fa meno fermate del regionale.

L'**Espresso** è più veloce e fa ancora meno fermate; è possibile prenotare il posto in 1ª e in 2ª classe.

Il **Rapido** e l'**Intercity** sono treni molto veloci per i quali bisogna pagare un supplemento sul prezzo del biglietto ordinario. Si fermano solo nelle principali città.

L'**Eurostar** (ex Pendolino) o **ETR**, infine, è il treno più moderno, veloce e comodo; viaggia a 250 km orari e offre anche servizi di ristorazione. Bisogna pagare un supplemento e, spesso, fare la prenotazione. Presto, con la nuova rete, la velocità arriverà a 300 km/h.

Esistono, infine, molte facilitazioni per chi usa spesso il treno, come la *Carta Verde* che permette uno sconto del 20% per chi non ha più di 26 anni e la *Carta d'argento* per i più anziani. In più, c'è l'abbonamento mensile, lo sconto di gruppo, sconti per turisti ecc.

Le nuove FS

si riconoscono dal marchio.

Nuovo, naturalmente.

E dai nuovi servizi, dalle nuove carrozze, dalle nuove stazioni, dai nuovi Pendolini, dalla nuova puntualità, dai nuovi lavori per l'alta velocità, dai nuovi trasporti integrati di terra e di acqua, dai nuovi servizi per disabili, dai nuovi servizi pendolari, dalle nuove tecnologie, dai nuovi arredi, dalle nuove divise, dalle nuove linee, dai nuovi orari, dalle nuove biglietterie, dalla nuova ristorazione, dai nuovi telefoni in carrozza, dai nuovi vagoni letto con aria condizionata, dai nuovi trasporti per l'auto al seguito, dalle nuove sale d'attesa, dal nuovo trasporto merci e da tanti altri nuovi progetti che verranno realizzati da qui alla fine del secolo. Addio, caro vecchio treno,

FERROVIE DELLO STATO

Leggete il testo e rispondete alle domande. Non è importante capire ogni parola

1. Perché gli italiani viaggiano così spesso in treno?

2. In cosa differiscono il regionale, il diretto e l'espresso?

3. Che differenze ci sono tra l'Intercity e l'ETR?

6 MILANO - BOLOGNA - FIRENZE - ROMA	ETR 500 ℗9411 R×6	ETR 460 ℗9401 R×6	ETR 450 ℗9431 R×6	ETR 500 ℗9413 R	IC 541	IC 565	IC 543
MILANO C.le p.	6.55	Torino	da Bergamo	7.55	8.00	8.35	9.00
PIACENZA p.		8.01			9.20		
PARMA p.					9.52		
REGGIO EMILIA p.			8.29		10.09		
MODENA p.					10.30		
BOLOGNA C.LE p.	8.36	9.08	9.17	9.36	9.51	11.00	10.51
PRATO p.			9.57			11.47	
FIRENZE S.M.N. a.	9.24	9.57	10.09	10.32	10.52	12.02	11.52
ROMA TERMINI a.	11.10	11.47	11.55	12.20	12.55	14.40	13.55

(nomi treni: CARAVAGGIO, GUIDO RENI, STRADIVARI, BRUNELLESCHI)

	ETR 460 ℗9415 R	EC 55	IC 551	ETR 500 ℗9521 R	IC 553	IC 555	EC 53	ETR 460 ℗9523 R†
MILANO C.le p.	12.55	13.00	14.00	14.55	15.00	16.00	17.00	17.50
PIACENZA p.								
PARMA p.								
REGGIO EMILIA p.								
MODENA p.								
BOLOGNA C.LE p.	14.36	14.51	15.51	16.36	16.51	17.51	18.51	19.3
PRATO p.					17.38			
FIRENZE SMN a.	15.32	15.52	16.52	17.32	17.52	18.52	19.52	20.3
ROMA TERMINI a.	17.20	17.20	17.55	19.20	19.55	20.55	21.55	22.2

(nomi treni: BOTTICELLI, POLIZIANO, BRERA)

† FESTIVO.. × FERIALE.. 2 SOSPESO IL 25, 29.XII, 1, 5.I E 30.III.. 6 FIRENZE RIF

NOVITA' SUL PENDOLINO

30 treni, più linee, più servizi, e il pranzo è servito solo a chi lo desidera. Il modo migliore di viaggiare in treno è ancora migliorato.

Col nuovo orario estivo il servizio dei Pendolini - i comodi e veloci ETR 450 - è rafforzato con una coppia di treni sulla linea Milano - Bari durante tutto il mese di agosto, e il loro costo sarà quello di un normale Inter City. Col nuovo orario, poi, i trenta Pendolini attualmente in funzione interrompono il loro servizio solo nei giorni festivi e prefestivi, e solamente su alcune tratte. A bordo del Pendolino ci sono altre novità: cambiano i servizi, il pranzo si prenota prima di salire a bordo e il suo costo non pesa sul biglietto di chi non desidera mangiare in treno.

Ferrovie dello Stato
SOCIETÀ DI TRASPORTI E SERVIZI PER AZIONI
AREA TRASPORTO

Le prospettive dell'alta velocità

	Milano-Firenze	Milano-Roma	Milano-Napoli	Roma-Napoli
Numero di treni al giorno	1+1	23+23	5+5	18+18
Tempi di viaggio	1h 35'	3h 00'	4h 05'	1h 05'
Velocità commerciale km/h	191	188	186	194
Numero di posti al giorno (I o II classe)	1.376	34.400	6.880	24.768

Leggete il testo "Novità sul pendolino" e le due schede a sinistra e rispondete alle domande. Non importa se non capite tutto

1. La pubblicità fa riferimento
☐ a. solo alla qualità dei servizi
☐ b. ai servizi e al costo

2. In agosto
☐ a. ci saranno più treni
☐ b. ci saranno meno treni

3. Il pranzo
☐ a. sarà solo per chi lo desidera
☐ b. non ci sarà più

4. Con la rete ad alta velocità chi viaggia da Milano a Roma risparmierà
☐ a. due ore
☐ b. un'ora

Problemi di cuore

È sabato sera ed Elena parla con sua madre.
Ascoltate una prima volta il loro dialogo senza guardare il testo.

1 *Ascoltate di nuovo il dialogo e rispondete alle domande*

	vero	falso

1. La madre trova logico il fatto che Elena non esce.
2. Elena ha litigato con la sua migliore amica.
3. Le due ragazze hanno litigato per un uomo.
4. Franco ha chiesto scusa a Elena.

madre: Come mai ancora qui? Non esci stasera?

Elena: No, mamma, stasera resto a casa.

madre: Strano! E perché non esci con i tuoi amici, come al solito?

Elena: Niente... ho litigato con Carla e non ho voglia di andare da nessuna parte.

madre: Con Carla?! Hai litigato con la tua amica del cuore?

Elena: Non è più mia amica!

madre: Perché, cos'è successo?

Elena: Ieri è andata a mangiare con Franco!

madre: E allora? Perché non possono andare a mangiare insieme?

Elena: Perché Franco è il mio ragazzo!

madre: Ah, Franco si chiama il tuo nuovo amore.

Elena: Sì. E secondo me, un'amica vera deve stare molto attenta a certe cose.

madre: E lui, cosa dice di tutto questo?

Elena: Lui dice che il problema è mio e che nel suo tempo libero può fare quello che vuole: vedere i suoi amici o le sue amiche quando vuole.

madre: E tu cosa hai risposto?

Elena: Di andare a quel paese con tutti i suoi amici e le sue amiche! E poi ho fissato un appuntamento con il suo migliore amico per domani!!!

2   *Leggete e pronunciate*

Uno di voi è Elena e un altro è sua madre. Leggete ad alta voce il dialogo, cercando di imitare, quanto possibile, la pronuncia e l'intonazione delle persone ascoltate. Insomma, dovete "recitare" leggendo.

3   *Rispondete oralmente alle domande*

1. Perché la madre di Elena trova strano il fatto che lei non esce?
2. Per quale motivo hanno litigato Elena e Carla?
3. Cosa ha detto Franco del suo comportamento?
4. Cosa ha risposto Elena?

4   *Il padre di Elena capisce che qualcosa non va bene e vuole sapere cos'è successo. Chiede, quindi, una spiegazione alla figlia. Completate il loro dialogo mettendo i possessivi dati negli spazi opportuni*

padre:	Tua madre dice che hai litigato con i .... amici. È vero?	*mia*
Elena:	Non ho litigato con tutti i .... amici, ma solo con Carla, la .... amica intima.	*sua*
padre:	Perché, tesoro?	*mia*
Elena:	Perché fa il filo al .... ragazzo; ieri sono andati a cena insieme.	*mio*
padre:	Ho capito; hai parlato con lui? Cosa dice?	*tuoi*
Elena:	Dice che è libero di uscire con i .... amici e le .... amiche. E poi dice che la colpa non è ...., ma .... perché anch'io esco con la .... compagnia.	*sue* *mia* *suoi*
padre:	Questo è vero.	*mia*
Elena:	Ma tu con chi sei?! Con me o con gli altri? Solo la .... mamma mi capisce!	*miei*

5   *In base a tutto quello che avete letto scrivete un breve riassunto della storia di Elena*

....
....
....
....
....
....
....

I possessivi

io	Il *mio* motorino è costato 3 milioni. Verrà anche una *mia* amica. I *miei* genitori sono abbastanza giovani. Mamma, hai visto le *mie* calze blu?
tu	Con il *tuo* comportamento hai rovinato tutto! Stasera veniamo a casa *tua*. Mi piacciono i *tuoi* occhi. Alcune delle *tue* idee sono interessanti, altre no.
Sergio	Nel *suo* tempo libero, Sergio di solito guarda la tv. Se vedi la *sua* fidanzata, perderai la testa! Non parla mai dei *suoi* progetti futuri. È attraverso le *sue* conoscenze che ha trovato questo lavoro.
Marina	Hai conosciuto Marina? Il *suo* viso è bellissimo. A me piace la *sua* amica, Rita. Sì, mi piacciono i *suoi* capelli. Ma quali capelli? Hai visto le *sue* gambe?
signor Vialli	Signor Vialli, ha trovato il *Suo* orologio? La *Sua* casa è veramente molto bella. Signor Vialli, quanti anni hanno i *Suoi* figli? Complimenti! Ho seguito molte delle *Sue* conferenze.
noi	Il *nostro* palazzo è quello grande all'angolo. La *nostra* famiglia è composta da cinque persone. Stasera verranno a cena i *nostri* amici. Le *nostre* case sono molto vicine.
voi	Come si chiama quel *vostro* amico di Palermo? Complimenti! La *vostra* casa è bellissima! Avete fatto i *vostri* compiti? Parlate delle *vostre* preferenze sportive.
Renato e Nadia	Il *loro* negozio va molto bene. Devi vedere la *loro* casa di campagna; è stupenda! Anche Renato e Nadia hanno i *loro* problemi. Le *loro* idee sul matrimonio sono poco moderne.

6 _Costruite frasi orali secondo il modello_

> Questo è l'amico di Pietro. ⇨ _È il suo amico._

1. Quella è la macchina di Angela.
2. Questa è la moto di Antonio.
3. Quello là è il negozio di Stefania.
4. Queste sono le pantofole di Roberta.
5. Quelli sono gli amici di Serena.
6. Queste sono le figlie del signor Bianchi.

7 _Costruite di nuovo frasi secondo il modello_

> Questo è il ... motorino. ⇨ _Questo è il mio motorino._

1. I signori Gherardini hanno dimenticato le .... valigie.
2. Ragazze, dov'è la .... casa?
3. Oggi arrivano i .... genitori da Parigi.
4. Signori, posso vedere i .... documenti?
5. Alla fine, Dino e Simona sono partiti con la .... macchina.
6. Hai dato a Monica i .... appunti?

> Nel _Libro degli esercizi_ vedete n. 1 - 8

Nomi di parentela e possessivi

mio _marito_			**i miei** _genitori_	
tua _madre_	_singolare:_		**le tue** _sorelle_	_plurale:_
sua _moglie_	_senza_	**ma**	**i suoi** _fratelli_	_con_
nostro _figlio_	_articolo_		**le nostre** _cugine_	_articolo_
vostra _zia_			**le vostre** _nonne_	

Attenzione!

1. la mia _mamma_, il vostro _papà_, la mia _sorellina_, il nostro _nipotino_ ecc.
2. il loro padre, la loro zia, il loro fratello, la loro madre ecc.

8 _Rispondete oralmente alle domande secondo il modello_

> Chi viene con te? _(cugina)_
> ⇨ _Viene mia cugina._

1. Con chi sei andato al cinema? _(sorella)_
2. Con chi ha litigato Mario? _(padre)_
3. Da chi siete andati il fine settimana? _(cugini)_
4. Con chi escono Giulia e Dino? _(il compare)_
5. Chi ha chiamato Alba? _(nonno)_
6. Di chi parlate ragazzi? _(mamma)_

> Nel _Libro degli esercizi_ vedete n. 9 - 10

9

Divisi in coppie scambiatevi informazioni sulla famiglia di ognuno: quanti anni ha ogni membro, come è (alto/basso, biondo/bruno, grasso/snello ecc.), cosa fa ecc. Alla fine (se c'è tempo), ognuno dovrà riferire al resto della classe le informazioni ricevute dal suo compagno

Role-play

10 **Al ristorante**

Grazia e Pietro sono in un ristorante e stanno per ordinare. Per Pietro questa è la prima volta che mangia in un ristorante italiano. Leggete il dialogo e poi rispondete alle domande

Pietro: Carino questo posto, mi piace molto.

Grazia: Anche a me. È uno dei più bei ristoranti della zona; ci vengo molto spesso.

Pietro: Cosa mangiamo? ...Ho una fame da lupi.

Grazia: Vediamo un po' il menù. Hai bisogno di aiuto?

Pietro: Eh... sì. Ci sono ancora molte cose che non conosco.

Grazia: Allora, guarda: per primo possiamo ordinare la pasta. A te cosa piace?

Pietro: Come si chiama quel tipo di pasta che abbiamo mangiato a casa tua ieri?

Grazia: Le tagliatelle; ma perché non provi qualcos'altro? Così conoscerai nuovi sapori.

Pietro: Hai ragione. ...Le farfalle ai quattro formaggi sono buone?

Grazia: Ottima scelta. Mi piacciono molto. Io, però, mangio gli gnocchi. Poi, per secondo, la carne. Che tipo di carne ti piace?

Pietro: Mah, non so. Tu che dici?

Grazia: Prendi il pollo alla cacciatora, è la specialità del ristorante; ti piacerà senz'altro. Io... vorrei provare il loro vitello ai ferri.

Pietro: Perfetto! Possiamo ordinare adesso? Ho proprio fame!

Grazia: Dai, ordiniamo. Per antipasto prendiamo prosciutto crudo e mozzarella; va bene? Poi, qualche contorno?

Pietro: Non so, un'insalata?

Grazia: Sì, prendiamo un'insalata verde. Cosa beviamo?

Pietro: Decidi tu; basta mangiare presto!

Grazia: Va bene. Beviamo un Chianti rosso. Cameriere!

1. Perché Pietro ha bisogno dell'aiuto di Grazia?
2. Che cosa prendono per primo i due ragazzi?
3. Per secondo?
4. Cosa ordinano per antipasto e contorno?

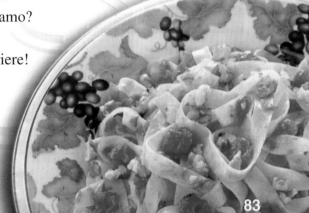

il bicchiere   i fiori   la candela   il piatto

il tovagliolo   il cucchiaio   la forchetta   il coltello

Osservate:

vorrei	una bistecca qualche antipasto freddo	
	mangiare *provare* *bere*	un dolce la specialità un vino bianco

mi piace	la pasta al dente, è buonissima! la cucina italiana	
	mangiare *provare* *saltare*	fuori qualcosa di nuovo il primo

mi piacciono	gli spaghetti al pesto, sono buonissimi! i piatti piccanti i gelati

Mi piace molto il pesce.	⇨	**A me** non piace affatto!
Mi piacciono le lasagne.	⇨	**A me**, invece, piacciono i tortellini.
Ti piace la carne?	⇨	Perché, **a te** non piace?
Ti piacciono le olive?	⇨	A me sì, anche **a te**?

Per il momento basta! Più cose sui pronomi indiretti nella decima unità.

Nel *Libro degli esercizi* vedete n. 13 e 14

11 *Guardate il menù che segue; poi ascoltate il dialogo di un'altra coppia che si trova nello stesso ristorante e segnate quello che ha ordinato Giuseppe (mettendo una G nella colonna a destra), Luisa (L) e cosa hanno preso in comune (c)*

Ristorante Pizzeria Da Carlo

Antipasti	
Prosciutto di Parma e melone	
Mozzarella e pomodoro	
Antipasto misto	
Salmone affumicato	

Primi	
Spaghetti al ragù	
Spaghetti alla carbonara	
Spaghetti alla puttanesca	
Penne all'arrabbiata	
Farfalle ai quattro formaggi	
Lasagne alla bolognese	
Tortellini al formaggio	
Ravioli al prezzemolo	
Rigatoni al sugo	
Fettuccine ai funghi	
Linguine al pesto	
Risotto ai frutti di mare	

Secondi	
Bistecca ai ferri	
Pollo all'aglio	
Scaloppine ai funghi	
Involtini alla romana	
Fegato ai ferri	
Vitello	
Maialino al forno	
Filetto	

Contorni	
Insalata mista	
Insalata verde	
Patate al forno	
Funghi	
Verdure alla griglia	

Pizze	
Margherita (mozzarella, pomodoro)	
Marinara (pom., aglio, olio, origano)	
Napoletana (pom., acciughe, mozz., orig.)	
Romana (mozz., orig., acc., pom., capperi)	
Siciliana (mozz., pom., acciughe)	
Funghi (mozz., pom., funghi)	
Prosciutto (mozz., pom., prosciutto cotto)	
4 stagioni (mozz., pom., carciofi, prosciutto, funghi)	
Capricciosa (mozz., pom., fung., pep., sals., olive)	
Diavola (mozz., pom., cipolle, pep., salame picc.)	
Calzone (mozz., pom., prosciutto, funghi)	

Dolci - frutta	
Tiramisù	
Panna cotta	
Mille foglie	
Creme Caramel	
Torta di mele	
Macedonia di frutta	
Frutta fresca di stagione	
Fragole	

Vini	
Chianti	
Orvieto	
Lambrusco	
Sangiovese	
Mateus	
Pinot Grigio	

Bevande - birre	
Coca Cola	
Acqua frizzante	
Nastro Azzurro	
Stella Artois	

12 *Divisi in due gruppi o in coppie e osservando sempre il menù fate la vostra ordinazione: cosa volete per primo, per secondo, per contorno, per antipasto, quale dolce ecc. Se non capite qualcosa, cercate nel dizionario, oppure chiedete al vostro insegnante. Lavorate oralmente o per iscritto*

13

Role-play

▷ **Sei A:** sei a casa e vuoi ordinare delle pizze. Hai il numero di telefono di una pizzeria, ma non il loro catalogo. Telefoni ed ordini due pizze secondo gli ingredienti che piacciono a te e alla tua compagnia. Puoi usare espressioni come ad es.: *vorrei..., con/senza..., possiamo mettere anche...?* ecc.

▷ **Sei B:** lavori in una pizzeria che fa consegna a domicilio e rispondi al telefono. Cerchi di aiutare A a trovare le pizze adatte ai suoi gusti. Puoi usare espressioni come ad es.: *vuole anche...?, può prendere una..., vuole qualcosa da bere...?* ecc.

14 **Vocabolario:** *Con l'aiuto del dizionario o del vostro insegnante scegliete la parola giusta per completare le frasi*

1. Un piatto che piace molto è	*abbondante*
2. Di solito il vino bianco si beve	*buono*
3. Un piatto che fa bruciare la lingua è	*freddo*
4. Il prosciutto di Parma è molto	*salato*
5. Un piatto con molto sale è	*cotta*
6. Quando un piatto ha un sapore forte diciamo che è	*squisito*
7. Parliamo di una porzione .... quando il piatto è pieno.	*saporito*
8. A molti la bistecca piace ben	*piccante*

15 **I pasti del giorno**

Leggete il dialogo e rispondete alle domande che seguono

Sara: Ho un po' di fame; mangiamo qualcosa?

Mia: Ma sono ancora le dieci e mezzo; non hai fatto colazione?

Sara: Non mangio mai niente la mattina: siccome ho sempre fretta, bevo al massimo un caffè.

Mia: Fai molto male. Tutti dicono che la colazione è il pasto più importante del giorno. Io bevo sempre un caffelatte e mangio fette biscottate con burro e miele. Così sono piena di energia e non mangio molto a pranzo.

Sara: Ah, sì? Ieri a pranzo hai mangiato primo, secondo e dolce...

Mia: Sì, a cena però non ho mangiato niente. Comunque, di solito la sera mangio qualcosa di leggero: un minestrone, un risotto...

Sara: Io, invece, se mangio molto nel pomeriggio, salto sempre la cena. Così faccio merenda verso le sei e sono a posto.

Mia: Io, in ogni caso, cerco di cenare presto, non dopo le otto; tu?

Sara: Anch'io, più o meno, a quell'ora lì.

1. Perché Sara ha fame?
2. Cosa mangia di solito a colazione e perché?
3. Cosa mangia invece Mia la mattina?
4. Che cosa mangiano le due ragazze a cena? A che ora cenano?

16 *Osservate le varie cose che possiamo mangiare a colazione e fate mini dialoghi sulle vostre preferenze o rispondete semplicemente alle domande del vostro insegnante. Potete usare espressioni come: a me piace…, preferisco…, (non) mangio…, ecc.*

Role-play

latte   cioccolata   biscotti   torta
                                       fette
                                       biscottate
              caffè   pane
        aranciata
brioche
                                       burro
                    panini

Osservate:

quello / bello

il ragazzo	⇨	quel/bel ragazzo	quei/bei ragazzi
lo spettacolo	⇨	quello/bello spettacolo	quegli/begli spettacoli
l'uomo	⇨	quell'/bell'uomo	quegli/begli uomini

Però, come sappiamo: *Gianni è un bel ragazzo? Sì, è un ragazzo bello.*
                    Verranno anche quegli amici di Maria? Sì, verranno anche quelli.

Nel *Libro degli esercizi* vedete n. 15 e 16

17 Volerci / Metterci

Quanto **ci vuole** per preparare la pasta al dente?

Ci vogliono circa 10 minuti di cottura.

Ci metti molto per sbucciare le patate?

Ci metto cinque minuti!

Nel *Libro degli esercizi* vedete n. 17

18 Vocabolario

a. *Abbinate le due colonne secondo l'esempio. Se necessario, usate il dizionario*

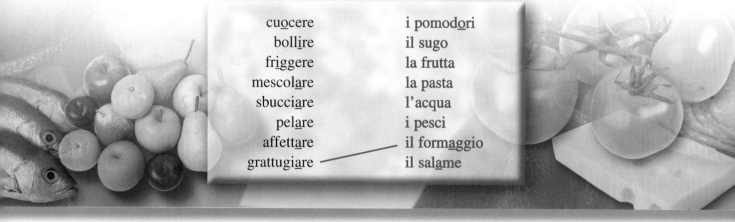

cuocere	i pomodori
bollire	il sugo
friggere	la frutta
mescolare	la pasta
sbucciare	l'acqua
pelare	i pesci
affettare	il formaggio
grattugiare	il salame

b. *Potete spiegare a cosa serve ognuno degli utensili che seguono?*

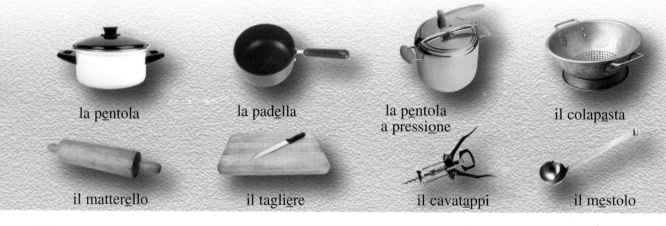

la pentola   la padella   la pentola a pressione   il colapasta

il matterello   il tagliere   il cavatappi   il mestolo

19 Parliamo

1. In base a tutto quello che avete letto dite che differenze o somiglianze ci sono tra la cucina del vostro paese e quella italiana.
2. Quali sono le vostre preferenze alimentari? Quali i vostri piatti preferiti? Scambiatevi idee.
3. Potete descrivere un piatto tipico del vostro paese? Qualche ricetta regionale?
4. Quanto è apprezzata la cucina italiana da voi? Spiegate (ristoranti, formaggi, vini, altri prodotti alimentari). Quali sono i vostri piatti italiani preferiti?
5. Raccontate l'ultima volta che avete mangiato in un ristorante: in quale occasione, cosa avete ordinato ecc. Quando e che cosa mangiate nei fast food, invece?

20 Scriviamo

Scrivi ad un'amica italiana per chiedere la ricetta di un piatto italiano che ti piace molto e, nello stesso tempo, descrivere una ricetta tipica del tuo paese *(80-100 p.)*. Troverai forse utili le pagine di civiltà che seguono.

> ### *Fate il test finale dell'unità*

Gli italiani a tavola

Una cosa è sicura: agli italiani piace mangiare e l'ora del pasto è considerata sacra. Adorano sia cucinare che stare a tavola a mangiare, a bere vino e a parlare con parenti e amici, soprattutto la domenica.

Grazie alle cucine regionali ci sono moltissimi piatti. Infatti, ogni popolo che è passato dall'Italia ha lasciato le sue ricette ed i suoi sapori: spagnoli, greci, arabi, austriaci ecc.

D'altra parte, la cucina italiana è famosa in tutto il mondo. Chi non mangia volentieri la pizza o gli spaghetti? Pizzerie e ristoranti italiani si trovano dappertutto, mentre anche altri prodotti, come il prosciutto di Parma e il parmigiano - il re dei formaggi - sono esportati in molti paesi.

La storia della pasta: Secondo la leggenda, Marco Polo porta gli spaghetti dalla Cina nel lontano 1295. Ma già dal 1226 gli arabi mangiano una specie di lasagna, come sappiamo da un ricettario di quel periodo. E sono loro che fanno entrare la pasta nella cucina siciliana. I siciliani sono stati, infatti, per secoli dei veri maestri nel cucinare la pasta che presto si diffonde in tutta la penisola e nel mondo.

La storia della pizza: Già nella cucina degli egizi, degli etruschi e dei romani esiste un tipo di focaccia, una sorta di pane rotondo e sottile. Nel Rinascimento serve come piatto per i poveri, che la mangiano solo alla fine del pasto. Nel settecento il suo sapore è arricchito col pomodoro che arriva dall'America; solo allora è apprezzata anche dalle classi più ricche.

Un'altra data importante nella sua storia è quando nel 1899 la regina Margherita di Savoia esprime il desiderio di provare la pizza di Raffaele Esposito, famoso pizzaiolo di Napoli. Lui prepara una pizza tricolore come la bandiera italiana: il bianco della mozzarella (per la prima volta), il rosso del pomodoro e il verde del basilico, che chiama appunto *"Pizza Margherita"*. Da allora la pizza conquista tutto il mondo.

1. Come mai ci sono tanti piatti nella cucina italiana?
2. Come entra la pasta nella cucina italiana?
3. Quali sono i due avvenimenti che hanno reso più nota la pizza?

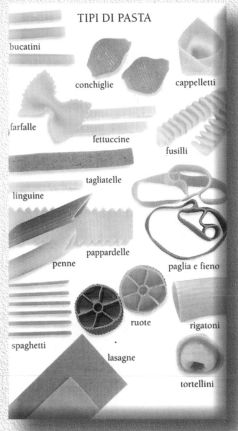

TIPI DI PASTA

bucatini · conchiglie · cappelletti · farfalle · fettuccine · fusilli · tagliatelle · linguine · pappardelle · penne · paglia e fieno · ruote · rigatoni · spaghetti · lasagne · tortellini

La pasta, che agli italiani piace "al dente", cioè poco cotta, è alla base della loro cucina. Ci sono oggi più di 40 tipi di pasta.

PIZZA AI FUNGHI (Trentino) · PIZZA AI FRUTTI DI MARE (Puglia) · PIZZA QUATTRO STAGIONI (Lazio) · NAPOLI · PIZZA ALLE OLIVE NERE (Sicilia)

75 RAGÙ ALLA BOLOGNESE
Per condire 500 g di pasta

Ingredienti
4 cucchiai di olio
2 cipolle tritate
2 spicchi d'aglio tritati
1 carota media a dadini
375 g di carne trita di manzo
375 g di carne trita di maiale
2,5 dl di latte
3,5 dl di vino bianco secco
1 kg di pomodori
1 cucchiaio di passata
di pomodoro
un mazzetto di aromi
sale e pepe
½ litro di acqua

COME SERVIRE
Il ragù alla bolognese è qui servito con gli spaghetti, classico partner, e cosparso di parmigiano grattugiato.

1 Fate scaldare l'olio e fate rosolare cipolla, aglio e carota, mescolando continuamente. Aggiungete tutta la carne e fate cuocere fino a che non perderà il suo colore rosato. Aggiungete il latte, mescolate e portate ad ebollizione, facendo evaporare il liquido. Aggiungete il vino bianco e fatelo evaporare.

2 Pelate e tritate i pomodori. Aggiungeteli al sugo assieme alla passata, al mazzetto di aromi, al sale, al pepe ed all'acqua. Portate ad ebollizione e fate cuocere per 1-2 ore mescolando di tanto in tanto. Aggiungete un po' d'acqua se vi accorgete che comincia ad attaccare al fondo. Togliete gli aromi e regolate di sale prima di servire.

Vitello alle verdure

25 minuti   235 calorie/porzione

per 4 persone
400 g di fettine di fesa di vitello, 4 cipolle piccole, 4 pomodori piccoli, 4 peperoni verdi, 3 cucchiai di olio, un bicchiere di latte, sale.

PREPARAZIONE

1 Tagliate al velo le cipolle; pelate i pomodori dopo averli scottati, privateli dei semi e tagliateli a cubetti; tagliate a pezzetti anche i peperoni.

2 Mettete tutte le verdure in un tegame con l'olio e fatele appassire su fuoco medio per circa 15 minuti aggiungendo poca acqua, se necessario.

3 Unite le fettine di carne, versate il latte e regolate di sale; fate cuocere a fuoco basso, per circa 10 minuti, aggiungendo altro latte se necessario. Servite la carne ben calda, con le verdure.

UNA SALSA PIÙ CREMOSA
Frullate le verdure, fate scaldare sul fuoco, aggiungete un cucchiaio di formaggio fresco da spalmare e regolate di sale.

a. *Leggete queste due ricette e rispondete alle domande. Non è necessario capire ogni parola*

1. In tutte e due le ricette ci sono
❑ a. cipolle e peperoni
❑ b. pomodori e cipolle
❑ c. pomodori e peperoni

2. Preparando il ragù bisogna prima aggiungere
❑ a. i pomodori
❑ b. il vino
❑ c. il latte

3. Preparando il vitello bisogna prima di tutto
❑ a. far cuocere la carne
❑ b. far appassire la verdura
❑ c. far scaldare il latte

b. *Quali sono i verbi e gli aggettivi usati in tutte e due le ricette?*

Dove mangiano gli italiani

Agli italiani piace molto mangiare a casa loro e, spesso, a casa di amici. Alcuni fanno da soli la pasta, cosa che richiede molto tempo, oppure comprano pasta fresca al supermercato, che è più cara di quella secca in pacchetto. Quando decidono di mangiare fuori, di solito il fine settimana o la sera, hanno parecchie alternative.

Al ristorante è possibile scegliere tra molti piatti e vini, ma generalmente costa un bel po'. In un ristorante - pizzeria possono ordinare anche qualsiasi tipo di pizza, che non mangiano quasi mai a casa.
Le trattorie sono ristoranti semplici senza grande varietà di piatti, con un ambiente meno formale e, ovviamente, prezzi più bassi.
Molti, a causa dell'orario di lavoro pesante, non hanno il tempo di pranzare a casa. Uno spuntino al bar, in paninoteca o un pasto veloce al fast food sono una soluzione economica, ma poco nutritiva.
Le osterie, infine, sono per i giovani di ogni età che vogliono mangiare e bere senza spendere molto.

a. _Leggete il testo e dite che tipo di locale conviene a ogni persona_

Vittorio: "Stasera andrò a mangiare insieme a Teresa. Voglio fare una buona impressione."
Rita: "Al lavoro l'intervallo dura solo un'ora e non faccio in tempo ad andare a casa."
Sig. Bocca: "Domenica io e mia moglie andiamo a pranzo fuori, è da un po' di tempo che non mangiamo la pizza."
Stefano: "Stasera ho un appuntamento con i ragazzi; prima della discoteca andremo a mangiare qualcosa di leggero e magari bere una birra."
Lidia: "Sai cosa mi manca? Le patatine fritte e una Coca cola grande."

b. _Quale di questi locali preferite?_

Un film

Giulia racconta a Sergio la trama di un film. Ascoltate il loro dialogo una prima volta senza guardare il testo scritto. Non è importante capire ogni parola.

1 *Ascoltate di nuovo il dialogo e rispondete alle domande*

1. Sergio non è andato al cinema perché era stanco.
2. Robert conosceva Greta da quando era piccola.
3. Greta spariva abbastanza spesso.
4. Alla fine è riuscita a superare i suoi problemi.

	vero	falso

Giulia:	Perché non sei venuto al cinema ieri? Era da molto che non vedevo un film così bello.
Sergio:	Purtroppo dovevo studiare per il test di oggi.
Giulia:	Peccato! Perché era un giallo psicologico di quelli che ti piacciono; la trama era abbastanza originale.
Sergio:	Cioè? Adesso sono proprio curioso.
Giulia:	Allora... Il protagonista, Robert, ha conosciuto Greta, una bellissima attrice svizzera. All'inizio tutto andava bene, quando un giorno ha capito che lei aveva qualche segreto.
Sergio:	Cioè?
Giulia:	Lei ogni tanto spariva e quando tornava non parlava mai di quello che faceva.
Sergio:	E Robert non chiedeva spiegazioni?
Giulia:	Certo che chiedeva spiegazioni! Ma Greta rispondeva nel modo più classico: doveva incontrare il suo manager, doveva firmare un contratto, ecc. Fino a quando un giorno, mentre guardavano la tv, è suonato il telefono. Lei ha risposto ed è uscita con la solita scusa. Ma Robert questa volta ha voluto scoprire la verità e ha seguito Greta.
Sergio:	E cosa ha scoperto?
Giulia:	Che Greta non spariva per motivi di lavoro, ma andava da uno psicologo; praticamente viveva una doppia vita: credeva cioè di essere un'altra persona!
Sergio:	Poverina!! E alla fine cos'è successo?
Giulia:	Ad un certo punto, grazie all'amore di Robert, stava bene e tutti pensavamo ad una fine con i protagonisti in chiesa. Ma un giorno Greta è entrata di nuovo in crisi ed è finita in una clinica privata. Veramente una storia interessante!

2 *Leggete e pronunciate*

Uno di voi è Sergio e un altro Giulia. Leggete ad alta voce il dialogo cercando di imitare, quanto possibile, la pronuncia e l'intonazione delle persone ascoltate. Insomma, dovete "recitare" leggendo.

3 *Rispondete oralmente alle domande*

1. Perché Sergio non è andato al cinema?
2. Che cosa di strano faceva Greta?
3. Perché Greta si comportava così?
4. Cos'è successo alla fine?

4 *Completate il dialogo che segue con i verbi dati*

Sergio:	Non ho capito bene; perché Greta .... così spesso?
Giulia:	Lei diceva che .... incontrare il suo manager, firmare un contratto, ecc.. Un giorno, però, mentre lei e Robert .... la tv, ... il telefono e subito dopo Greta .... con la solita scusa.
Sergio:	E quali erano i motivi di questo suo comportamento?
Giulia:	Robert ha seguito Greta e ha scoperto che .... da uno psicologo perché aveva dei problemi.
Sergio:	Cioè, che problemi .... ?
Giulia:	Praticamente .... una doppia vita; cioè .... di essere un'altra persona.
Sergio:	E com'è finita la cosa?
Giulia:	Verso la fine del film Greta .... bene e tutti .... ad una fine in chiesa quando, all'improvviso, Greta è entrata di nuovo in crisi ed è finita in una clinica privata.

è suonato

stava

guardavano

doveva

è uscita

credeva

andava

viveva

spariva

aveva

pensavamo

5 *In base a tutto quello che avete letto, riassumete in breve la trama del film*

....
....
....
....
....
....
....

L'imperfetto

	parlare		leggere		dormire	
	parlavo		leggevo		dormivo	
	parlavi	guardavo	leggevi	è	dormivi	ha
mentre	parlava	la	leggeva	venuta	dormiva	chiamato
	parlavamo	tv	leggevamo	Laura	dormivamo	Paolo
	parlavate		leggevate		dormivate	
	parlavano		leggevano		dormivano	

6 _Oralmente costruite frasi secondo il modello_

> Mentre _(io-mangiare)_, _(io-leggere)_ il giornale. ⇨ _Mentre mangiavo, leggevo il giornale._

1. Ieri _(lui-camminare)_ e _(lui-ascoltare)_ musica con il suo discman.
2. Quando _(tu-preparare)_ da mangiare, _(io-guardare)_ la tv.
3. Mentre Monica _(pulire)_ la casa, sono venuti i suoi ospiti.
4. Ogni estate _(noi-andare)_ al mare con i nostri suoceri.
5. Ogni volta che _(loro-venire)_ da noi _(loro-portare)_ dei dolci.
6. Perché non _(voi-volere)_ uscire prima?
7. Dove _(tu-andare)_ ieri mattina alle 11?
8. Quanti anni _(Lei-avere)_ nel 1980, professor Bellini?
9. Mentre Nicola _(baciare)_ Veronica, è entrato suo marito.
10. Quando _(parlare)_ lui, tutti _(rimanere)_ a bocca aperta.

Nel **_Libro degli esercizi_** vedete n. 1, 2 e 3

Imperfetto irregolare

essere	bere (bevere)	dire (dicere)	fare (facere)	porre (ponere)	tradurre (traducere)
ero	bevevo	dicevo	facevo	ponevo	traducevo
eri	bevevi	dicevi	facevi	ponevi	traducevi
era	beveva	diceva	faceva	poneva	traduceva
eravamo	bevevamo	dicevamo	facevamo	ponevamo	traducevamo
eravate	bevevate	dicevate	facevate	ponevate	traducevate
erano	bevevano	dicevano	facevano	ponevano	traducevano

Nel **_Libro degli esercizi_** vedete n. 4, 5 e 6

Imperfetto o passato prossimo?

1. imperfetto

- <u>azione passata abituale-ripetuta</u>

Di solito andavo al lavoro in macchina.
Da giovane non studiava molto.
Venivano ogni giorno a casa mia.

- <u>azione in un momento preciso</u>
  <u>non conclusa</u>

Ieri alle 10 dormivo.
Il 3 marzo ero già in Italia.
Tre anni fa lavoravo ancora in banca.

2. imperfetto + imperfetto

- <u>azioni contemporanee</u>

Mentre mangiavo, leggevo il giornale.
Quando parlava, era sempre nervoso.
Guidava e parlava al telefonino.

3. passato prossimo

- <u>azione conclusa</u>

Sono stato in Italia per una settimana.
Sono rimasto a casa tutto il giorno.
Ho studiato dalle cinque alle otto.
Ho dormito fino alle nove stamattina.
Cosa hai fatto ieri?

4. passato prossimo + passato prossimo

- <u>azioni</u>
  <u>concluse</u>
  <u>successive</u>

Ha aperto il frigorifero e ha preso il formaggio.
Prima ho acceso una sigaretta e poi la tv.
Ho chiamato Dino e abbiamo parlato a lungo.

5. passato prossimo + imperfetto

- <u>azione</u>
  <u>in corso</u>
  <u>interrotta</u>

Mentre camminavo, ho incontrato Livio.
Quando ero a Roma, ho visitato il Vaticano.
Mentre ero in macchina, è suonato il cellulare.
Ho conosciuto Angela quando aveva 16 anni.

7 *Osservando la scheda grammaticale precedente costruite frasi orali secondo il modello*

> *(io-essere)* a casa quando *(venire)* i miei amici. ⇨ *Ero a casa quando sono venuti i miei amici.*

1. Mentre *(lei-ascoltare)* la musica, *(leggere)* un libro di Dacia Maraini.
2. Ieri sera alle 8 *(noi-essere)* a casa.
3. *(noi-entrare)* in macchina e *(partire)* subito.
4. Mentre *(io-aspettare)* l'autobus, *(vedere)* un vecchio amico.
5. Ogni volta che *(loro-venire)* a casa *(portare)* qualcosa al bimbo.
6. Quando *(telefonare)* Luca *(io-dormire)*.
7. Ricordo bene: il Capodanno dell'anno scorso *(voi-essere)* all'estero.
8. Ieri sera Sofia *(lavorare)* fino a mezzanotte!

> Nel *Libro degli esercizi* vedete n. 7 - 16

8 **Raccontare e descrivere**

◆ Come hai conosciuto Gennaro?
◆ Allora... era una sera di giugno. Erano le 7 di sera ed io aspettavo due mie amiche fuori dal cinema. Mentre stavo lì, ho notato un ragazzo che aspettava anche lui: Gennaro. Era bellissimo. Aveva i capelli corti, portava i jeans e una camicia marrone ed era seduto sulla sua moto. Sembrava nervoso e ogni tanto guardava il suo orologio e poi me. Le mie amiche erano in ritardo e la sua compagnia lo stesso. Ho capito che lui mi voleva parlare, ma era un po' timido. Alla fine, siamo entrati nel cinema e da allora stiamo insieme.

Completate il testo che segue con l'imperfetto e il passato prossimo

"*(essere)* .... un mattino di marzo. *(noi-partire)* .... da Milano molto presto, verso le 7. All'inizio il tempo *(essere)* .... molto bello. Non *(esserci)* .... nemmeno una nuvola in cielo. I ragazzi si *(sentire)* .... molto felici perché *(loro-potere)* .... visitare Pisa. Anche il paesaggio *(essere)* .... bellissimo. Dopo un po', però, *(cominciare)* .... a piovere. La pioggia *(andare avanti)* .... per ancora due ore. Quando *(arrivare)* .... a Pisa *(piovere)* .... ancora.
La città *(essere)* .... quasi vuota; *(esserci)* .... solo pochi turisti.
Ma anche così deserta *(sembrare)* .... molto bella, forse un po' malinconica..."

> Nel *Libro degli esercizi* vedete n. 17 e 18

9 Ricordare

- ◆ Sai, a volte ricordo quelle vacanze a Santorini.
- ◆ Sai che ci penso spesso anch'io? Ricordi che risate?
- ◆ Come no?! E poi, quei ragazzi che abbiamo conosciuto; come si chiamavano?
- ◆ Non mi ricordo proprio; saranno passati più di cinque anni.
- ◆ Dai!! Non ricordi quello alto, con gli occhiali... come si chiamava?
- ◆ Ah, sì... Pietro: così si chiamava.
- ◆ Già, Pietro. Che tipo lui! Forte!
- ◆ Sì, ti ricordi quando ha nascosto il tuo costume da bagno? Quante risate!
- ◆ Oppure quando abbiamo nascosto noi il suo? Quante sciocchezze facevamo allora!

- ◆ Ricordi quella volta che ....
  ....
- ◆ Sì, ...
  ....
- ◆ A che cosa giocavi da piccolo, babbo?
- ◆ ....
  ....
- ◆ Non dimenticherò mai quella volta che ....
  ....
- ◆ Già, anch'io ....
  ....

ricordare

ricordo che...
mi ricordo quella volta che...
ti ricordi quando...?
Non dimenticherò quel film che...

10

Role-play

▷ **Sei A:** *chiedi a B*

- *come è cambiato negli ultimi anni (fisico, carattere, abitudini ecc.)*
- *quanto sono cambiate le sue preferenze musicali*
- *dove si trovava e che cosa faceva un anno fa*
- *cosa faceva prima di venire a lezione*
- *con chi giocava da piccolo*
- *dove passava le vacanze cinque o più anni fa*

▷ **Sei B:** *rispondi alle domande di A (usando l'imperfetto)*

I verbi modali all'imperfetto

Dovevamo partire presto	e, quindi, siamo partiti presto. ma abbiamo fatto tardi.
Potevo lavorare fino alle 9	e ho lavorato. ma ho preferito andare a casa.
Voleva mangiare poco	allora, ha mangiato poco. ma, alla fine, ha mangiato come una bestia.

Quando usiamo l'imperfetto dobbiamo completare la frase,
altrimenti il risultato non è chiaro.

Siamo dovuti partire presto.	(= siamo partiti presto)
Ho potuto lavorare fino a tardi.	(= ho lavorato fino a tardi)
Ha voluto mangiare poco.	(= ha mangiato poco)

Quando usiamo il passato prossimo non è necessario dare altre spiegazioni:
è già chiaro che cos'è successo.

---

11 *Oralmente completate le frasi con l'imperfetto o il passato prossimo*

1. Luigi non *(potere)* stare fino a tardi e *(partire)* subito.
2. Gianna *(dovere)* viaggiare in aereo.
3. Loredana *(volere)* cambiare macchina ed ha comprato una *Lancia*.
4. *(lui-potere)* diventare milionario grazie ad un'idea geniale.
5. *(noi-volere)* portare dei dolci, ma le pasticcerie erano tutte chiuse.
6. Lo so che *(io-dovere)* studiare, ma non avevo voglia di stare a casa.
7. Purtroppo Silvio *(volere)* esserci, però aveva altri impegni.
8. Giacomo e Beatrice *(dovere)* partire all'improvviso.

Nel *Libro degli esercizi* vedete n. 19 e 20

12 _Leggete il dialogo e rispondete alle domande che seguono_

◆ Hai fatto bene a non venire con noi ieri; è stata una tragedia!

◆ Cioè? Cos'è successo?

◆ Allora... io e Sofia avevamo deciso di andare al cinema. Lei, come al solito, ha invitato anche Laura che aveva voglia di uscire.

◆ Finora tutto a posto! Non vedo niente di strano.

◆ Aspetta, adesso ti spiego. Noi volevamo andare all'Odeon dove danno l'ultimo film di Gabriele Salvatores che Laura, però, aveva già visto. Abbiamo pensato, quindi, di vedere una commedia di Pieraccioni. Secondo un amico di Laura, però, che era andato a vedere il film qualche giorno prima, non era un gran che. Abbiamo dovuto rispettare cioè il parere di qualcuno che non conoscevamo, anche se le critiche che avevo letto io erano più che positive.

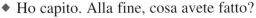

◆ Ho capito. Alla fine, cosa avete fatto?

◆ Alla fine, abbiamo dovuto rinunciare al cinema perché ormai era tardi e Laura non voleva andare allo spettacolo delle dieci e mezzo; abbiamo deciso, quindi, di andare a mangiare. Però abbiamo dovuto discutere per mezz'ora per trovare qualche locale nuovo perché Laura voleva andare in un posto dove non era mai stata!

1. Perché i ragazzi non hanno visto il film di Salvatores?
2. Perché non hanno visto nemmeno il film di Pieraccioni?
3. Cosa sapevano di questo film?
4. Dove voleva andare a mangiare Laura?
5. Cosa pensate di Laura?
6. Cosa pensa di lei la persona che racconta?

Il trapassato prossimo

Quando sei arrivato	avevo / avevi / aveva avevamo / avevate / avevano	mangiato	già.
L'anno prima	ero / eri / era eravamo / eravate / erano	stato/a stati/e	in Italia.

Uso del trapassato prossimo

trapassato prossimo	passato prossimo	imperfetto
a) Erano già partiti	quando siamo arrivati noi.	
b) Avevo dormito poco		e quindi ero stanco.
1ª azione passata	_2ª azione passata_	

Nota: Usiamo il trapassato prossimo per un'azione passata che avviene prima di un'altra azione passata. Per quest'ultima usiamo il passato prossimo o l'imperfetto.

13 *Rispondete oralmente usando il trapassato prossimo secondo l'esempio*

> Perché hai mangiato così tanto a pranzo? *(non fare colazione)*
> *Ho mangiato molto perché non avevo fatto colazione.*

1. Perché hai dovuto studiare tutta la sera? *(non studiare prima)*
2. Chi c'era ieri sera al cinema? *(una ragazza che non vedere mai)*
3. Avete incontrato le ragazze? *(sì, per fortuna non partire ancora)*
4. Cosa ha preparato Romina per cena? *(qualcosa che non assaggiare prima)*
5. Hai fatto in tempo a vedere il film che ti piaceva? *(no, cominciare già)*
6. Come mai alla festa di Johan non hai bevuto niente? *(bere troppo la sera prima)*
7. Come mai avete visitato la Galleria degli Uffizi? *(mai starci)*
8. Perché non potevi entrare? *(dimenticare le mie chiavi in ufficio)*

Nel *Libro degli esercizi* vedete n. 21 - 24

14 **Esprimere accordo / disaccordo**

◆ Che idea hai di Nanni Moretti?
◆ Secondo me, è un ottimo regista. *Caro diario* mi è piaciuto molto!
◆ **Sono d'accordo** con te! Tant'è vero che ha vinto un premio per la regia al Festival di Venezia.

◆ Ti piacciono tutti i film di Fellini?
◆ A me sì; sono proprio geniali.
◆ Io **non sono d'accordo**: mi piacciono molto *La dolce vita* e *Roma*, ma gli altri sono un po' noiosi!

◆ Secondo me, il film di ieri non era il migliore di Benigni.
◆ **Hai ragione**: *Il mostro* mi era piaciuto di più.

◆ Rosaria dice che Sophia Loren ha vinto un Oscar.
◆ **È proprio vero!** È stato per la sua interpretazione in *La Ciociara* nel 1961, se ricordo bene. Che bel film!
◆ Sì, lo **credo anch'io**

15 ▷ *Sei A e parli con B; esprimi e giustifichi il tuo parere su:*

Role-play

- *un film che ti è piaciuto molto*
- *il tuo attore o la tua attrice preferita*
- *un regista che stimi*
- *il genere di film che preferisci (gialli, commedie, sociali, di fantascienza, di avventura ecc.)*
- *qualche film o qualche personaggio del cinema italiano*

▷ *Sei B e ascolti le preferenze di A: esprimi e giustifichi accordo o disaccordo*

esprimere accordo	**esprimere disaccordo**
Sono d'accordo (con te)! *Sì, è proprio così!* *Sì, credo anch'io (lo stesso)* *Sì, è vero!* *Hai ragione!*	*Non sono d'accordo (con quel che dici)!* *Non credo.* *No, non penso.* *Non è vero!*

Attenzione: Nicola è d'accordo. Veronica è d'accordo. Noi siamo d'accordo.

16 Ascolto

Ascoltate il brano e rispondete alle domande (Libro degli esercizi, p. 88)

17 Orale

1. Parlate delle vostre preferenze cinematografiche: che genere di film preferite? Quali sono i/le vostri/e attori/attrici e registi/e preferiti/e? Scambiatevi idee.
2. Andate spesso al cinema? Quanto spesso? Se non ci andate spesso qual è il motivo?
3. Qual è il vostro film preferito e perché? Cercate di raccontare in breve la sua trama.
4. Secondo voi, è lo stesso vedere un film al cinema e alla tv? Spiegate.
5. Sicuramente avrete visto qualche film italiano. Se ricordate, parlate (protagonisti, scenario ecc.) di un film, recente o meno.

18 Scriviamo

Scrivi una lettera ad un amico italiano per raccontare un film che hai visto ultimamente e che ti è piaciuto molto. Inoltre, parla degli attori protagonisti e della loro interpretazione, ma anche della regia *(100-120 p.)*.

> *Fate il test finale dell'unità*

Il cinema italiano

Il neorealismo

Forse il periodo più glorioso del cinema italiano. Si chiama
così perché i registi di quel periodo hanno cercato di dare
un'immagine vera della società italiana dopo la seconda
guerra mondiale. I film più importanti sono stati *Roma città
aperta* (1944 con Anna Magnani) girato da Roberto Rossellini in una Roma ancora occupata dai nazisti e il bellissimo *Ladri di Biciclette* (1948) di Vittorio De Sica, con attori presi dalla strada (Oscar per il miglior film straniero).

Una scena dal film - simbolo del neorealismo,
Ladri di Biciclette

1964. « Matrimonio all'italiana » di De Sica

Marcello Mastroianni: forse il viso italiano più
noto nel mondo, ha girato più di 150 film. Ricordiamo: *I soliti ignoti* (di Mario Monicelli), *La
dolce vita* (1960 di Federico Fellini), *Divorzio
all'italiana* (di Mario Monicelli), *Otto e mezzo*
(di Fellini), e tra i film più recenti *Ginger e Fred*
(di Fellini) e *Pret à Porter* (1994 di Robert Al-
tman). Il "bel Marcello" è morto nel 1996.

Sophia Loren: napoletana, simbolo della bellezza mediterranea per gli americani e non solo.
Diventata famosa dopo il film *L'oro di Napoli* (di De Sica), ha recitato accanto a famosissimi
attori (Cary Grant, Marlon Brando, Frank Sinatra, ecc.).
È stata la prima attrice a vincere il premio Oscar per un film non americano: nel 1961 per
La Ciociara di De Sica. Altri importanti film italiani quelli insieme a Mastroianni: *Ieri, oggi e
domani* (di De Sica), *Matrimonio all'italiana* (la storia di Filumena Marturano, di De Sica) ecc..
Nel 1990 ha vinto l'Oscar alla carriera.

Federico Fellini: il più famoso regista italiano e tra i più
ammirati del mondo. Ha vinto quattro Oscar per il miglior
film straniero: per *La strada, Le notti di
Cabiria, Otto e mezzo, Amarcord* e un
Oscar alla carriera nel 1992. Fellini,
che è morto nel 1993, è considerato un
genio, un poeta del grande schermo. Ha
girato moltissimi film negli stabilimenti
di Cinecittà e ha collaborato spesso con
Marcello Mastroianni e Giulietta Masina, sua moglie.

I registi più importanti

Vittorio De Sica: uno dei grandi del cinema italiano e mondiale. Ha girato tantissimi film di successo, mentre lui stesso era un bravissimo attore.

Lucchino Visconti: *La terra trema, Il Gattopardo, Rocco e i suoi fratelli* ecc.

Michelangelo Antonioni: *La notte, Blowup* ecc.; nel 1994 ha vinto l'Oscar alla carriera.

Pier Paolo Pasolini: *Il Vangelo secondo Matteo, Mamma Roma* ecc.; era anche noto poeta.

Sergio Leone: ha girato molti dei cosiddetti "spaghetti western" (*Per un pugno di dollari, Il buono, il brutto e il cattivo* ecc.) con le colonne sonore di Ennio Morricone.

Bernardo Bertolucci: ha fatto film di grande successo mondiale: *Ultimo tango a Parigi, L'ultimo imperatore* (che ha vinto 9 Oscar, tra cui quello per la regia), *Il tè nel deserto, Il piccolo Budda* ecc.

LA CIOCIARA
De Sica regista, 1960 (b/n)
Da un romanzo di Moravia. Premio Oscar alla Loren. Nel 1943 una giovane madre e una giovanissima figlia, popolane sfollate in campagna per sfuggire ai bombardamenti, vengono entrambe selvaggiamente violentate dai soldati marocchini al seguito dell'esercito americano.
Con Sophia Loren, Eleonora Brown, Jean-Paul Belmondo, Raf Vallone, Renato Salvatori. Sceneggiatura di Cesare Zavattini.

IL GIARDINO DEI FINZI CONTINI
De Sica regista, 1970 (col)
Oscar per il miglior film straniero. Dagli agi della borghesia, alle prime persecuzioni razziali, alla deportazione: la delicata e tragica storia d'una famiglia ebrea nella provincia dell'Italia in guerra.
Con Lino Capolicchio, Dominique Sanda, Helmut Berger, Fabio Testi, Romolo Valli. Sceneggiatura di Ugo Pirro.

IL GENERALE DELLA ROVERE
De Sica attore, 1959 (b/n)
Uno dei capolavori di Rossellini, da un racconto di Indro Montanelli, con un De Sica "mitico". Nella Milano occupata dai tedeschi un ex ufficiale che vive di espedienti accetta di andare in carcere, fingendosi un generale badogliano, col compito di smascherare i partigiani. Si immedesimerà nella parte sino a diventare un eroe.
Con De Sica, Hannes Messemer, Sandra Milo, Franco Interlenghi.

IERI, OGGI, DOMANI
De Sica regista, 1963 (col)
Tre spassosi (e famosi) episodi "cuciti" sulla coppia Loren Mastroianni.
Una lei contrabbandiera a Napoli che sfugge continuamente al carcere perché sempre incinta. Una lei e un lui a Milano in una tentata avventura extraconiugale in Rolls Royce. E lo spogliarello d'una prostituta a Roma col fortuito coinvolgimento d'un giovane seminarista...
Sceneggiature di Eduardo De Filippo, Moravia, Zavattini.

I grandi interpreti

Alberto Sordi:
il comico più amato dagli italiani, ha recitato anche in film americani.
(*Lo sceicco bianco, Addio alle armi*).

Vittorio Gassman:
bellissimo e bravissimo attore di teatro e di cinema. Ha preso parte anche a film internazionali.
(*I soliti ignoti, Profumo di donna*).

Gina Lollobrigida:
insieme a Sophia Loren, le due attrici simbolo dell'Italia. Ha fatto una grande carriera in Italia e negli Stati Uniti.
(*Pane, amore e fantasia*).

Totò:
napoletano, il più straordinario dei comici italiani, giocava con le parole in modo ironico.
(*I soliti ignoti, L'oro di Napoli*).

Altri attori da ricordare sono: Anna Magnani (Oscar nel 1955), Monica Vitti, Claudia Cardinale, Nino Manfredi, Ornella Muti, Paolo Villaggio (Fantozzi), Silvana Mangano, Stefania Sandrelli, Ugo Tognazzi, Gian Maria Volontè, Lino Ventura, Michele Placido (*La Piovra*), Franco Nero, ecc.

Il cinema italiano contemporaneo

Diego Abbatantuono in una scena da Mediterraneo

Massimo Troisi (a destra) e Filippe Noiret in Il postino

Nel bellissimo e autobiografico *Nuovo Cinema Paradiso* il regista **Giuseppe Tornatore** racconta la storia di un cinema in un piccolo paese della Sicilia negli anni '50. Bello anche il suo *L'uomo sotto le stelle.* **Gabriele Salvatores** ha vinto nel 1992 il premio Oscar per il miglior film straniero con *Mediterraneo.*

Nanni Moretti è regista e attore; è diventato famoso grazie all'autobiografico *Caro Diario,* una parodia dell'Italia moderna attraverso la vita del protagonista, interpretato dallo stesso Moretti.

Roberto Benigni, considerato il comico fenomeno, è anche regista dei suoi film che, di solito, battono i record d'incasso. Ricordiamo *Il piccolo diavolo, Johnny Stecchino, The son of pink panther, Il mostro, La vita è bella, Pinocchio,* ecc.

Nel bellissimo *Il postino* **Massimo Troisi** (che è morto subito dopo le

Una scena dal bellissimo film La vita è bella, *che ha regalato a Roberto Benigni tre Oscar (per il miglior film straniero, miglior attore protagonista e colonna sonora) e un successo mondiale*

riprese) cerca di sedurre l'affascinante Maria Grazia Cucinotta con l'aiuto del poeta cileno Pablo Neruda. Un film che ha commosso il pubblico in tutto il mondo.

Molto apprezzati anche i registi **Gianni Amelio** *(Lamerica, Ladro di bambini),* **Carlo Verdone** e **Leonardo Pieraccioni** *(Il ciclone).*

L'affascinante Maria Grazia Cucinotta

Quiz

 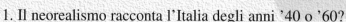
In base a quanto letto rispondete alle domande

1. Il neorealismo racconta l'Italia degli anni '40 o '60?
2. Chi era il regista di *Ladri di Biciclette*?
3. Qual è il primo film che Marcello Mastroianni ha girato con Federico Fellini?
4. Quando e per quale film Sophia Loren ha vinto l'Oscar?
5. Citate quattro film di Vittorio De Sica.
6. Quali altri registi italiani hanno ottenuto successi internazionali?
7. Conoscete i protagonisti dei film di Sergio Leone e Bernardo Bertolucci?
8. Cosa hanno in comune Gina Lollobrigida, Vittorio Gassman e Alberto Sordi?
9. Cosa ha in comune il grande Totò con Marcello Mastroianni e Sophia Loren?
10. Cosa hanno in comune Vittorio De Sica, Roberto Benigni e Nanni Moretti?

Al supermercato

Ilaria e Donatella, studentesse, sono al supermercato. Ascoltate il loro dialogo una prima volta senza guardare il testo scritto.

1 *Ascoltate di nuovo il dialogo e rispondete alle domande*

1. Sergio beve molto caffè.
2. Non mangia, però, i biscotti.
3. Preferisce le mele rosse a quelle verdi.
4. Ilaria non compra formaggio perché lo trova caro.

vero	falso

Ilaria:	Hai segnato le cose che devi comprare?
Donatella:	No, non c'è bisogno, le ricordo. Ecco il caffè! Tu lo vuoi?
Ilaria:	Per forza: Sergio ne beve tre o quattro tazzine al giorno.
Donatella:	Io compro *Lavazza qualità oro*, perché "più lo mandi giù e più ti tira su" come dice la pubblicità!
Ilaria:	Io, invece, compro *Illy*: Sergio lo preferisce alle altre marche di espresso. Perché non lo provi?

Donatella:	Ok, lo proverò... Non so che biscotti comprare; tu quali prendi?
Ilaria:	Io compro sempre questi del *Mulino Bianco Barilla*: Sergio li mangia come un pazzo! Non solo per il sapore, ma anche perché hanno poche calorie. E poi questa confezione è molto economica.
Donatella:	Va bene, mi hai convinta; li provo anch'io. Dai, andiamo avanti. Tu non volevi comprare delle mele? Eccole!
Ilaria:	Però Sergio queste mele non le mangia; le vuole rosse, mentre queste sono verdi. Non importa, compro delle banane; le mangia lo stesso.

Donatella:	Compriamo il formaggio; quanto ne vuoi?
Ilaria:	Per me due etti di *Parmigiano Reggiano*.
Donatella:	Io, invece, ne compro tre di *Grana Padano*: costa di meno e lo trovo buono lo stesso.
Ilaria:	Lo so che costa di meno, ma Sergio mangia solo il meglio.
Donatella:	Ma lo tratti bene il tuo Sergio, eh???

2   *Leggete e pronunciate*

Uno di voi è Ilaria e un altro Donatella. Leggete ad alta voce il dialogo, cercando di imitare, quanto possibile, la pronuncia e l'intonazione delle persone ascoltate. Insomma, dovete "recitare" leggendo.

3   *Rispondete oralmente alle domande*

1. Quanto caffè beve Sergio?
2. Perché Ilaria non compra *Lavazza*?
3. Perché Sergio preferisce i biscotti del *Mulino Bianco*?
4. Che frutta compra Ilaria e perché?
5. Quale e quanto formaggio comprano le due amiche?

4   *Donatella torna a casa e parla con Giorgia; completate il loro dialogo con i pronomi che seguono*

Giorgia:	Come mai hai comprato *Illy* invece di *Lavazza*?	
Donatella:	.... ha convinta Ilaria: lei .... compra perché Sergio, il suo fidanzato, ... preferisce alle altre marche. Quindi ho deciso di provarlo anch'io.	*le*
		lo
Giorgia:	Va bene, piace anche a me. Hai comprato i biscotti?	
Donatella:	Sì, questi del *Mulino Bianco Barilla*. Sai, Sergio .... mangia come un pazzo. E poi hanno poche calorie e non costano molto. Tu .... mangi, vero?	*Mi*
		li
Giorgia:	Sì, ... mangio. Certo, preferisco quelli che compravi finora, ma insomma...	
Donatella:	Però, non ho comprato le mele. Ho comprato mezzo chilo di banane, invece.	*lo*
Giorgia:	E perché? Le mele non c'erano?	*li*
Donatella:	C'erano, solo che erano verdi e non rosse. Tu .... mangi le mele verdi?	*le*
Giorgia:	Certo che .... mangio. Anzi, ... preferisco a quelle rosse che sono troppo dolci.	*li*
Donatella:	Non .... sapevo. Ho comprato anche due etti di *Parmigiano Reggiano*.	*le*
Giorgia:	Come mai? Tu sceglievi sempre il *Grana Padano*.	*lo*
Donatella:	Sì, però dobbiamo mangiare solo il meglio; come fanno Ilaria e Sergio!!!	

5   *In base a quello che avete letto scrivete un breve (40-50 p.) riassunto del dialogo introduttivo*

Osservate:

*Perché compri questo <u>caffè</u>? Perché **lo** preferisco agli altri.*
*Ti piacciono queste <u>banane</u>? No, **le** trovo un po' dure.*
*Perché compri quello che compra Ilaria? Perché **mi** influenza molto.*
*Conosci la <u>compagna</u> di Donatella? Sì, **la** conosco bene.*

Pronomi diretti (oggetto)

mi	salutano sempre	=	*(salutano me)*
ti	ascolto con attenzione	=	*(ascolto te)*
lo	troviamo molto bello	=	*(troviamo lui)*
la	incontro ogni giorno	=	*(incontro lei)*
La	ringrazio vivamente	=	*(ringrazio Lei)*
ci	conosce bene	=	*(conosce noi)*
vi	prego di non fumare	=	*(prego voi)*
li	chiamo spesso	=	*(chiamo loro-essi)*
le	vedo per strada	=	*(vedo loro-esse)*

6 *Osservando la scheda di sopra rispondete oralmente alle domande secondo il modello*

> Chi accompagna Flavio all'aeroporto? *(un amico)* ⇨ **Lo** accompagna un amico.

1. Chi farà la spesa domani? *(io)*
2. Quando incontrerai le tue amiche? *(oggi)*
3. Chi ti aiuta con i compiti? *(nessuno)*
4. Perché guardi sempre questi programmi? *(mi piacciono)*
5. Ci inviterete al vostro matrimonio? *(sì, senz'altro)*
6. Chi vi porta a casa? *(alcuni amici)*
7. Conoscevi anche tu Dario? *(sì)*
8. Pronto, mi senti? *(no)*

> Nel *Libro degli esercizi* vedete n. 1 - 5

7 **Lo so, lo sapevo, lo saprò**

Sai *quanto costa una busta di latte scremato?*	No, non *lo* so.
Sapevi *che Luca aveva un figlio?*	Sì, *lo* sapevo.
Sai *che Lidia ha trovato lavoro?*	Sì, *lo* so.
Quando saprai *se verrai con noi?*	*Lo* saprò stasera.
Lo sapevi tu *che Giacomo ha 28 anni?*	No, non *lo* sapevo.
Scusi, signorina, sa *che ore sono?*	No, non *lo* so, mi dispiace.

> Nel *Libro degli esercizi* vedete n. 6

8 Esprimere gioia

Senti, che ne dici di organizzare una festa
a sorpresa per il compleanno di Guido?

Che bella idea! Sono d'accordo.

Che bello! Finalmente gli esami sono finiti!

Che bellissima giornata! Era da una settimana
che pioveva continuamente.

Hai sentito? Jovanotti darà due concerti a maggio.

Che bella notizia! Lo sai che non sono mai
stata ad un suo concerto?

9 Esprimere rammarico, disappunto

Che brutta giornata; tutto va male oggi!

Che peccato! Stasera devo studiare e non posso venire con voi.

Accidenti! Ho dimenticato le chiavi in ufficio!

Che rabbia! Beppe ha preso il mio motorino
due ore fa e ancora non è tornato!

esprimere gioia	esprimere rammarico, disappunto
Che bello!	*Peccato!*
Che bella idea!	*Che peccato!*
Che bella giornata!	*Che brutta giornata!*
Che bella sorpresa!	*Accidenti!*
Che bella notizia!	*Che brutta notizia!*
Che fortuna!	*Che rabbia!*

10 *Osservando la scheda precedente completate le frasi*

◆ Hai saputo? Il Milan ha vinto oggi!
◆ ....! Era da due settimane che non vinceva!

◆ ....! È finito il caffè! Dovrò fare colazione al bar!

◆ Stefano, questo è un piccolo regalo per te!
◆ ....! Siete stati molto carini!

◆ Senti, Mauro, purtroppo non ti posso accompagnare alla festa di stasera.
◆ ....! Volevo tanto andarci con te!

◆ ....! Mentre camminavo ho trovato per strada una catena d'oro!

◆ La sai l'ultima? Ci sarà lo sciopero dei professori proprio durante gli esami!
◆ ....! E pensare che per la prima volta ho studiato così tanto.

◆ Sai che penso? Quasi quasi quest'anno possiamo fare le vacanze in Sardegna.
◆ ....! Non ci sono mai stata.

◆ ....! Ho chiamato Lucia alle nove, ma era appena uscita!

11 ▷ *Sei A: annuncia a B che:*

Role-play

- *non puoi andare con lui/lei al cinema*
- *un vostro amico ha vinto al totocalcio*
- *hai comprato due biglietti per lo spettacolo che vuole andare a vedere*
- *hai perso un suo libro*
- *pensi di invitare a cena tutti i vecchi amici*
- *un vostro conoscente è tossicodipendente*

▷ *Sei B: rispondi a quello che dice A usando le espressioni che hai appena imparato*

12 **In un negozio di alimentari**

◆ Buongiorno, signorina; desidera?
◆ Buongiorno. Vorrei del prosciutto crudo. È buono?
◆ Ottimo! Quanto ne vuole?
◆ Due etti. Anzi, no, ne prendo tre.
◆ Desidera altro?
◆ Sì, voglio del latte fresco.
◆ Basta un litro?
◆ No, oggi è sabato: ne prendo due.

Il pronome partitivo *ne*

Quanti caffè bevi al giorno?	**Ne** bevo almeno due.
Vuole anche del pane, signora?	Sì, **ne** vorrei un chilo.
Hai bevuto molta birra?	No, **ne** ho bevuto solo un bicchiere.
Conosci quelle ragazze?	No, non **ne** conosco nessuna.
Compri spesso riviste?	Sì, **ne** compro molte ogni mese.
Quanti amici italiani hai?	Ormai **ne** ho tantissimi.

ma: *Conosci quelle ragazze? Sì, **le** conosco **tutte**.*

13 _Osservate la scheda precedente e rispondete oralmente alle domande_

1. Di pomodori quanti ne vuole, signora? *(un chilo)*
2. Queste magliette sono in offerta. Ne prendiamo qualcuna? *(sì, due)*
3. Di queste creme idratanti francesi quale prendi? *(nessuna)*
4. Compri l'acqua frizzante? *(sì, una dozzina di bottiglie)*
5. Hai superato qualche esame a gennaio? *(no, nemmeno uno)*
6. Quanti esercizi abbiamo per mercoledì? *(quattro)*
7. Compri tutti questi libri? *(no, solo uno)*
8. Vuoi dei biscotti? *(sì, due)*

Vedete *gli esercizi* n. 7 - 9

14 _Leggete il dialogo tra Marta e Giulia e poi rispondete alle domande_

Marta: Che begli orecchini! Dove li hai comprati?

Giulia: Li ho comprati la settimana scorsa da "Bulgari".

Marta: Sono bellissimi! Immagino che li avrai pagati molto.

Giulia: È vero; sono costati un bel po'. A me, invece, piacciono molto le tue scarpe.

Marta: Grazie! Sono nuove. Le ho comprate perché sabato sono stata al matrimonio di Alessia... Ma che c'è? Ti vedo un po' giù.

Giulia: Niente... Ho pensato solo che Alessia e Fabrizio non mi hanno invitata al loro matrimonio, mentre io li avevo invitati al mio.

Marta: Non sei mica l'unica. Ricordi Cristina, la cugina di Alessia? Non l'hanno invitata. Dino? Non l'ho visto, non l'avranno invitato. In genere, dei vecchi amici, almeno in chiesa, ne ho visti pochissimi.

Giulia: È veramente un peccato. Secondo me, ad un matrimonio bisogna invitare tutti.

1. Dove ha comprato i suoi orecchini Giulia?
2. Quanto li ha pagati?
3. Per quale motivo Marta ha comprato delle scarpe nuove?
4. Perché Giulia diventa triste?
5. Chi altro non era al matrimonio e perché?
6. I vecchi amici c'erano o no e perché?

I pronomi diretti nei tempi composti

quel ragazzo	l'	ho	conosciuto	un anno fa
quella ragazza	l'	ho	vista	proprio ieri
quei ragazzi	li	ho	incontrati	la settimana scorsa
quelle ragazze	le	ho	invitate	a casa mia

Notate: Signor Pieri, **L'**ho chiamata ieri sera.

di amici veri		ho	avuto	uno solo
di lettere non	ne	ho	ricevuta	nessuna
di film italiani		ho	visti	molti
di gite		ho	fatte	tantissime

15 *Rispondete oralmente alle domande secondo il modello*

> Quando incontrerai i tuoi amici? *(l'altro ieri)* ⇨ *Li ho incontrati l'altro ieri.*

1. Quando comprerai la nuova macchina? *(già)*
2. Floriana non chiama mai suo fratello? *(la settimana scorsa)*
3. Avete visitato i Musei Vaticani? *(sì, l'anno scorso)*
4. Hai comprato il nuovo disco di Zucchero? *(sì, una settimana fa)*
5. Hai visto la fidanzata di Gennaro? *(no, non ancora)*
6. Hai letto qualche libro di Alberto Moravia? *(solo due)*
7. Vincenzo, non vuoi mangiare altri biscotti? *(no, già troppi)*
8. Hai già letto tutte queste riviste? *(no, solo alcune)*
9. Avete conosciuto le amiche di Elena? *(sì, tutte)*
10. Come mai non bevi un caffè? *(già tre oggi)*

Vedete *gli esercizi* n. 10 - 13

16 *Leggete il dialogo e rispondete alle domande che seguono*

Marcello: Senti, Dario, lo sapevi tu che Rosaria andrà a vivere in Spagna?
Dario: Sì, lo sapevo. L'ho saputo da Angela, sua sorella.
Marcello: E come mai l'ha deciso?
Dario: Andrà a vivere insieme a quel ragazzo spagnolo, Manuel.
Marcello: Ma allora la cosa è seria. Ma dove l'ha conosciuto questo Manuel?
Dario: Lo aveva conosciuto due o tre anni fa. Poi l'estate scorsa l'ha visto di nuovo, lui l'ha invitata a Tenerife e lì è successo tutto.
Marcello: Ma tu come sei venuto a sapere tutto questo?
Dario: Io sapevo da tempo che a Rosaria Manuel piaceva molto. Il resto l'ho saputo da sua sorella.

1. Dario sapeva che Rosaria andrà in Spagna?
2. Rosaria dove ha conosciuto Manuel?
3. Come Dario ha saputo tutto ciò?

Osservate:

Sapevi che andranno a vivere insieme?	No, non *lo sapevo*.
Come hai saputo del matrimonio?	*L'ho saputo* da lei stessa.

Conoscevi la sorella di Loredana?	Sì, *la conoscevo* già.
Dove l'hai conosciuta?	*L'ho conosciuta* ad una festa.

Nel Libro degli esercizi vedete n. 14

17 Offrire collaborazione / aiuto

- ◆ Domani devo consegnare questa traduzione. Non farò in tempo.
- ◆ Ti posso aiutare io?
- ◆ No, grazie! Purtroppo non mi puoi aiutare.

- ◆ Non so come farò a portare tutte queste borse a casa.
- ◆ Vuoi una mano? Ne posso portare due io.
- ◆ Grazie! Meno male che ci sei tu!

- ◆ Signora, sembra avere dei problemi con la Sua macchina. La posso aiutare?
- ◆ La ringrazio tanto! Di macchine non ne so quasi niente.

- ◆ Io ho finito. Hai bisogno di aiuto?
- ◆ Come no?! Sai la risposta della domanda numero 3?

- ◆ Ti vedo un po' giù oggi. Posso fare qualcosa?
- ◆ Grazie, non è niente. Sono solo di cattivo umore.

Offrire collaborazione - aiuto

Ti posso aiutare?	*Hai bisogno di aiuto / di qualcosa?*
Vuoi una mano?	*Posso fare qualcosa (per te)?*
(come) Posso essere d'aiuto?	*La posso aiutare in qualche modo?*

Accettare	**Rifiutare**
Grazie, sei molto gentile!	*Grazie, ma non importa.*
Volentieri!	*No, grazie, non fa niente.*
La ringrazio tanto!	*Grazie, faccio anche da solo.*

18 ▷ *Sei A: offri la tua collaborazione a B che:*

Role-play

- *ha molti pacchi da portare*
- *non può trovare dei biglietti per una partita di calcio importante*
- *sembra molto stressato*
- *non riesce a trovare un appartamento vicino all'Università*
- *vuole fare la spesa, ma non conosce ancora i prodotti italiani*

▷ *Sei B: accetta o rifiuta l'aiuto di A*

19 *Leggete il dialogo e rispondete alle domande che seguono*

Rosa: Pronto?
Monica: Buongiorno, Rosa, sono Monica. Come va?
Rosa: Buongiorno, Monica. Come mai a quest'ora?
Monica: Senti, ho bisogno del tuo aiuto.
Rosa: Ti ascolto, cosa c'è?
Monica: Ricordi quel negozio in via del Corso? Eh, ho visto un bellissimo abito da sera.
Rosa: E allora, che c'entro io?
Monica: Senti, poiché oggi non ci sono né autobus né taxi per via dello sciopero, mi puoi portare tu a quel negozio?
Rosa: Scusami, Monica, oggi non posso portarti da nessuna parte. Ma... perché proprio oggi?
Monica: Perché devo assolutamente comprarlo oggi. Domani è il matrimonio di Alessia. Ma perché non mi puoi accompagnare? Hai da fare?
Rosa: Non è questo; solo che la mia macchina è di nuovo dal meccanico. Purtroppo non posso aiutarti.
Monica: Ho capito, non importa. Provo a chiamare Matteo, forse lui mi potrà aiutare. Ci vediamo al matrimonio. Baci!

GIORGIO ARMANI

1. Monica chiama Rosa perché
   ❏ a. ha bisogno di un suo vestito
   ❏ b. ha bisogno di un favore
   ❏ c. vuole invitarla al suo matrimonio

2. Monica non può andare da sola al negozio perché
   ❏ a. non sa dov'è
   ❏ b. la sua macchina è dal meccanico
   ❏ c. i tassisti e i conducenti di autobus scioperano

3. Monica deve comprare quell'abito oggi perché
   ❏ a. non fa in tempo a trovarne un altro
   ❏ b. è l'ultimo giorno di saldi
   ❏ c. teme che qualcuno lo comprerà

4. Alla fine decide di
   ❏ a. andarci a piedi
   ❏ b. chiedere aiuto ad un altro amico
   ❏ c. non comprare l'abito

I pronomi diretti con i verbi modali

Mi puoi portare a casa?	⇨	Puoi portar**mi** a casa?
Ti devo convincere.	⇨	Devo convincer**ti**.
Lo voglio comprare.	⇨	Voglio comprar**lo**.
La devo invitare.	⇨	Devo invitar**la**.
Professore, non **La** posso capire.	⇨	Professore, non posso capir**La**.
Ci vogliono vedere.	⇨	Vogliono veder**ci**.
Vi devono conoscere.	⇨	Devono conoscer**vi**.
Non **li** posso incontrare.	⇨	Non posso incontrar**li**.
Le voglio accompagnare.	⇨	Voglio accompagnar**le**.

di pillole	**ne** devo prendere una al giorno.	⇨	devo prender**ne** una al giorno.
di esperienze	**ne** voglio fare molte.	⇨	voglio far**ne** molte.
di soldi	**ne** posso spendere pochi.	⇨	posso spender**ne** pochi.

Attenzione!!! Voglio ⊠ vedere
I pronomi si mettono o prima del verbo modale o alla fine dell'infinito

20 _Date due risposte orali per ogni domanda secondo il modello_

> Quando devi vedere il direttore? *(domani)*
> a. *Lo devo vedere domani.* b. *Devo vederlo domani.*

1. Perché non puoi prendere il motorino? *(piove)*
2. Quando devi pagare la rata per lo stereo? *(la settimana prossima)*
3. Perché volete invitare anche i Santoro alla festa? *(sono nostri amici)*
4. Quanto zucchero devi comprare? *(mezzo chilo)*
5. Quando puoi portare il cane al parco? *(fra un'oretta)*
6. Perché Tiziana vuole accompagnare le sue nipoti a casa? *(è tardi)*
7. Quante pizze puoi mangiare? *(al massimo due)*
8. Quante persone dovrai salutare alla festa? *(almeno una decina)*

Nel *Libro degli esercizi* vedete n. 15 - 17

21 **Contenitori:** _collegate le parole secondo l'esempio_

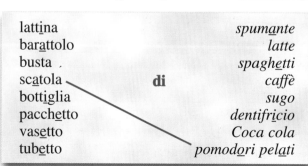

lattina		*spumante*
barattolo		*latte*
busta		*spaghetti*
scatola	**di**	*caffè*
bottiglia		*sugo*
pacchetto		*dentifricio*
vasetto		*Coca cola*
tubetto		*pomodori pelati*

22 **Dove comprare...?** *Abbinate le due colonne*

1. *in pescheria*	a. una rivista
2. *dal fruttivendolo*	b. un mazzo di rose
3. *in libreria*	c. il detersivo
4. *in pasticceria*	d. due chili di maialino
5. *in panetteria*	e. un medicinale
6. *in farmacia*	f. mezzo chilo di arance
7. *al supermercato*	g. due filoni di pane
8. *in macelleria*	h. i cioccolatini
9. *in edicola*	i. un dizionario
10. *dal fioraio*	l. i gamberi freschi

23 **Ascolto** *Ascoltate il brano e rispondete alle domande (Libro degli esercizi, p. 101)*

24 *Valeria e Franco escono per fare la spesa. Leggete il dialogo e mettete in ordine le affermazioni nella tabella che segue*

Valeria: Ce l'hai quella lista con le cose da comprare, vero?

Franco: Sì, ce l'ho... o almeno spero.

Valeria: Cosa vuol dire speri? Ci avevo segnato tutto quel che manca.

Franco: Aspetta che controllo un attimo. ...Non ce l'ho! L'avrò lasciata sul tavolo della cucina.

Valeria: Uffa! Sempre questa storia. A volte mi fai veramente arrabbiare! Adesso non ricordo: ce li abbiamo i pomodori o non ce li abbiamo? Meno male che non hai dimenticato le chiavi di casa. ...Perché mi guardi così?! Ce le hai con te le chiavi o non ce le hai?

Franco: Non le trovo. Incredibile! Ho dimenticato anche le chiavi! Scusami, amore!

	a. *Valeria capisce che Franco ha dimenticato le chiavi.*
1	b. *Valeria segna le cose che vuole comprare.*
	c. *Franco lascia la lista in cucina.*
	d. *Franco non trova le chiavi di casa.*
	e. *Valeria sembra un po' arrabbiata.*
	f. *Franco cerca la lista, ma non riesce a trovarla.*

Osservate:

Hai il permesso di soggiorno?	Sì, **ce l'ho**.
Hai la carta di credito?	No, **non ce l'ho** ancora.
Hai tu i nostri passaporti?	Sì, **ce li ho** tutti io.
Hai per caso le mie chiavi?	No, mi spiace, **non ce le ho**.

Ma:

C'è del vino?	Sì, **ce n'è** una bottiglia.
C'è un portacenere?	No, **non ce n'è** nemmeno uno.
Ci sono studenti stranieri in Italia?	Sì, **ce ne sono** molti.
Ci sono abbastanza olive verdi?	**Ce ne sono**, ma poche.

25 *Osservando le due schede precedenti rispondete oralmente alle domande che seguono*

1. Hai tu il regalo di Sara? *(no)*
2. Avete le chiavi di casa? *(sì)*
3. Quante bottiglie di vino ci sono nel frigorifero? *(una)*
4. Professore, ha Lei il mio compito? *(sì)*
5. C'è qualche cabina telefonica qua vicino? *(molte)*
6. Chi ha i nostri soldi? *(Pamela)*
7. Ci sono francobolli per l'estero? *(due o tre)*
8. Ci sono per caso cartine stradali? *(una)*

Nel *Libro degli esercizi* vedete n. 19 e 20

26 **Situazioni** (Oralmente o per iscritto)

1. *A* e *B* abitano insieme e stanno per andare al supermercato. Preparano, quindi, una lista con le cose che vogliono comprare. Ecco cosa manca: spaghetti, frutta, verdura, acqua minerale, vino, caffè, zucchero, carta igienica, detersivi. Immaginate il dialogo precisando anche la quantità per ogni prodotto *(80-100 p.)*.

2. *A* è in un negozio di alimentari e vuole comprare del prosciutto crudo, panini, formaggio grattugiato, latte e biscotti. *B* è il negoziante. Immaginate un dialogo il più naturale possibile. Forse sono utili frasi come: *prego signore..., desidera..., vorrei anche...* *(80-100 p.)*.

27 **Scriviamo**

In base alle due liste di sopra scrivete dov'è andata e cosa ha comprato Anna. Usate frasi come: *Prima è andata..., per comprare..., poi è passata...*, ecc. *(80-100 p.)*.

Fate il test finale dell'unità

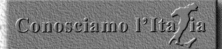

Fare la spesa

Per fare la spesa gli italiani di solito preferiscono andare al supermercato della loro zona (come *Conad, Coop, Pam* ecc.) che ha i prodotti più pubblicizzati e noti. Un altro tipo di supermercato, ma meno diffuso, sono i discount: offrono una grande varietà di prodotti non molto reclamizzati e, perciò, più economici. Alla periferia delle città ci sono anche gli ipermercati: sono molto più grandi e vi è possibile trovare di tutto a prezzi convenienti.
Il tradizionale negozio di alimentari continua ad esistere, ma non come una volta. Lì il rapporto tra il proprietario e il cliente è molto importante.

Molti italiani, inoltre, vanno al mercato all'aperto, che si svolge in ogni città, in spazi riservati per questo scopo. Lì è possibile trovare, oltre a frutta e verdura, scarpe, vestiti - nuovi e usati - prodotti per la casa ecc. I mercati più grandi e noti sono quelli di Porta Portese a Roma, della Montagnola a Bologna e di San Lorenzo a Firenze.

Prodotti italiani

Le frasi che seguono sono prese dalle etichette delle confezioni o dalla pubblicità dei prodotti elencati a fianco. Potete capire da quali? Non è necessario capire ogni parola

1. "…*Protezione antibatterica di lunga durata…*"
2. "…*Risultato visibile dopo sole 3 settimane: pelle più liscia e luminosa…combatte l'invecchiamento…*"
3. "…*Capelli sani, forti e brillanti… ipo-allergico… pH neutro…*"
4. "…*Da conservare al fresco dopo l'apertura… 21 frutti diversi per una colazione ricca di energia… da consumarsi entro…*"
5. "…*10 compresse da 25 milligrammi… efficace… agisce in fretta contro mal di testa e di denti… usare con cautela…*"
6. "…*Applicato sul viso dopo la rasatura, rinfresca e tonifica la pelle…*"
7. "…*Più bianco non si può…*"
8. "…*La presenza di cinque cereali insieme ti aiuta ad assumere le fibre necessarie per una sana e corretta alimentazione…*"

Fette biscottate
Medicinale
Marmellata
Shampoo
Gel dopo barba
Dentifricio
Crema idratante
Detersivo

Attività: *trovate prodotti con istruzioni in lingua italiana; scrivete le istruzioni su un foglio e leggetele ai vostri compagni. Loro devono capire da quale prodotto provengono. Se non ne avete in casa, entrate in un supermercato e copiate il testo della confezione.*

Un incontro

Carlo e Vittorio, studenti di informatica, si incontrano all'università verso le nove di mattina. Ascoltate il loro dialogo senza guardare il testo scritto.

1 *Riascoltate il brano e rispondete alle domande che seguono*

	vero	falso

1. Vittorio si sente un po' male.
2. La notte scorsa ha studiato fino a tardi.
3. Si è divertito molto.
4. Alla fine si è innamorato di sua cugina.

Carlo: Buongiorno, Vittorio! Ma cos'hai? Non ti senti bene?

Vittorio: Mi sento proprio distrutto!

Carlo: Hai fatto le ore piccole di nuovo? Ma non ti vergogni alla tua età?

Vittorio: Ma quale mia età? Io ieri non avevo nemmeno voglia di uscire.

Carlo: La solita storia... e chi ti ha chiamato?

Vittorio: Mi ha chiamato una mia cugina e mi ha invitato al suo compleanno. Quindi, mi sono preparato e sono andato.

Carlo: A casa sua? Non siete usciti?

Vittorio: Sì, dopo. Anche se io volevo andare via poiché mi dovevo alzare presto. Sono rimasto perché insisteva lei!

Carlo: Lei chi? Tua cugina?

Vittorio: No, Claudia, una sua amica; una ragazza bellissima che ho conosciuto ieri sera. Ci eravamo visti una volta l'anno scorso, ma poi niente. Ieri abbiamo parlato per ore; lei lavora presso un'agenzia di modelling, ma non fa la modella, si occupa di relazioni pubbliche.

Carlo: Interessante! E come è andata a finire la serata?

Vittorio: Siamo andati a ballare e ci siamo divertiti un sacco. Verso le tre siamo andati via insieme e l'ho portata a casa sua.

Carlo: La cosa diventa sempre più interessante.

Vittorio: Niente, ci siamo baciati, l'ho salutata e sono tornato a casa alle quattro.

Carlo: Ho capito. Ti sei innamorato!!! Lo vedo dagli occhi. Quando vi rivedrete?

Vittorio: Ci vedremo domani, ma ci sentiremo stasera per telefono.

2 *Leggete e pronunciate*

Uno di voi è Carlo e un altro Vittorio. Leggete ad alta voce il dialogo, cercando di imitare, quanto possibile, la pronuncia e l'intonazione delle persone ascoltate. Insomma, dovete "recitare" leggendo. Poi verificate le vostre risposte all'esercizio 1.

3 *Rispondete oralmente alle domande*

1. Perché si sente stanco Vittorio?
2. Cosa ha fatto quando l'ha chiamato sua cugina?
3. Dove si sono conosciuti Vittorio e Claudia?
4. Che lavoro fa lei?
5. Quando si rivedranno?

4 *Dopo la lezione Carlo incontra Dacia che ha voglia di chiacchierare un po'*

Dacia:	Oggi Vittorio sembrava molto stanco, vero?
Carlo:	Stanco, ma felice: ieri sera si è divertito molto.
Dacia:	Ed è felice solo perché ....?
Carlo:	Non solo; anche perché .... di una ragazza.
Dacia:	Caspita! Chi è? La conosco?
Carlo:	No. Ma anche loro si sono conosciuti solo ieri sera a casa di una cugina di Vittorio. Anche se .... anche nel passato.
Dacia:	E cosa fa? Studia?
Carlo:	No, ... di relazioni pubbliche presso un'agenzia di modelling.
Dacia:	Mmm! Allora, si sono già messi insieme?
Carlo:	Sì, e lui dice di esserne innamorato. Anzi, è molto impaziente di rivederla.
Dacia:	Ah, sì? E quando ....?
Carlo:	Si vedranno domani, ma .... stasera al telefono. Però, Dacia, mi raccomando: acqua in bocca!
Dacia:	Non ti preoccupare; sai che .... di me.

si erano visti

si sentiranno

si è innamorato

si è divertito

si occupa

ti puoi fidare

si rivedranno

5 *Scrivete un breve riassunto (30-40 p.) del dialogo introduttivo tra Carlo e Vittorio*

....
....
....
....
....
....
....

Osservate:

Patrizia veste la sua bambina	Patrizia si veste
	(Patrizia veste se stessa)

I verbi riflessivi

divertirsi

io	**mi diverto**	un sacco.
tu	**ti diverti**	con questa musica?
lui, lei, Lei	**si diverte**	solo quando beve.
noi	**ci divertiamo**	sempre insieme.
voi	**vi divertite**	se rimanete a casa?
loro	**si divertono**	quando vanno a ballare.

6 _Osservando la scheda di sopra abbinate le due colonne_

1. Il signor Pedrini	_non ti senti bene?_
2. Anche se sono stranieri,	_mi addormento._
3. Scusi, Lei	_ci troviamo molto bene._
4. Che c'è Gianna,	_si esprimono bene in italiano._
5. Noi in questo appartamento	_si veste sempre elegantemente._
6. Ogni volta che guardo lo sport	_come si chiama?_

7 _Completate oralmente le frasi secondo il modello_

Tania, a che ora (_svegliarsi_) la mattina? ➪ _Tania a che ora ti svegli la mattina?_

1. Sai se Mario (_alzarsi_) presto la mattina?
2. Anna, ho saputo che (_sposarsi_) a giugno; è vero?
3. Tiziana e Angela (_laurearsi_) il prossimo settembre.
4. Noi (_mettersi_) a studiare perché gli esami sono vicini.
5. Ragazzi, ma perché (_arrabbiarsi_)? Calmatevi!
6. Io (_fermarsi_) un attimo dal tabaccaio perché non ho sigarette.
7. Lidia, se non (_sbrigarsi_), ti lascio qua!
8. Questi due (_divertirsi_) appena possono.

I verbi riflessivi reciproci

Io ti vedo spesso. / Tu mi vedi spesso.	= (noi) **Ci vediamo** spesso.
Tu la ami molto. / Lei ti ama molto.	= (voi) **Vi amate** molto.
Piero guarda Lisa. / Lisa guarda Piero.	= Piero e Lisa **si guardano**

8 *Completate oralmente le frasi secondo il modello*

> Io e Antonella *(sposarsi)* fra tre mesi. ⇨ *Io e Antonella ci sposiamo fra tre mesi.*

1. Questi due quando *(incontrarsi)* per strada non *(salutarsi)* mai.
2. Amore, noi *(guardarsi)* negli occhi come nessun altro!
3. Tu e Lidia *(sentirsi)* spesso per telefono?
4. Allora, quando *(vedersi)* di nuovo noi due?
5. Dopo tanti anni mio fratello e suo suocero *(darsi)* ancora del Lei.
6. Enzo, dove *(trovarsi)* stasera con Elena?
7. I miei genitori, dopo tanti anni *(amarsi)* sempre come il primo giorno.
8. Per lavorare meglio, io e Alessio *(scambiarsi)* messaggi via Internet.

> Nel *Libro degli esercizi* vedete n. 1 - 8

Osservate:

Nel dialogo introduttivo tra Carlo e Vittorio abbiamo visto frasi come:
mi sono preparato, ci eravamo visti, ci siamo divertiti, ci siamo baciati

I verbi riflessivi nei tempi composti

Mi sono sbrigato/a	per fare in tempo.
Ti sei innamorato/a	di me?
Si è sentito/a	male.
Ci siamo conosciuti/e	solo ieri.
Vi siete fermati/e	a Piazza Navona?
Si sono visti/e	parecchie volte.

9 *Completate oralmente le frasi secondo il modello*

> Ci incontriamo ogni giorno. *(anche ieri)* ⇨ *Ci siamo incontrati anche ieri.*

1. Di solito Luigi si veste male. *(oggi però bene)*
2. Prima di mangiare mi lavo sempre le mani. *(questa volta no)*
3. Ti ricordi sempre del nostro anniversario. *(anche oggi)*
4. Ogni mattina io e Vanna ci salutiamo. *(stamattina no)*
5. Prima di uscire mi pettino sempre. *(stasera no)*
6. Di solito non si addormentano davanti alla tv. *(ieri sera invece sì)*
7. A che ora vi incontrate oggi? *(e ieri?)*
8. Di solito si mettono a studiare dopo le otto. *(ieri però alle dieci)*

> Nel *Libro degli esercizi* vedete n. 9, 10 e 11

10 **Fare spese** *Leggete i due dialoghi e rispondete alle domande che seguono*

a. In un negozio di abbigliamento

Commessa:	Buongiorno! La posso aiutare?
Alessandra:	Sì, buongiorno! Volevo dare un'occhiata alle camicette. Ne ho vista una in vetrina che mi piace molto. È di seta, credo.
Commessa:	No, è un tessuto misto: 60% viscosa e 40% cotone. Di che colore la vuole?
Alessandra:	Quella fuori è rosa; c'è anche in azzurro?
Commessa:	Credo di sì; che taglia porta?
Alessandra:	La 38.
Commessa:	Vediamo se c'è. Sì, è l'ultima in azzurro.
Alessandra:	La posso provare?
Commessa:	Certo. La può provare nel camerino in fondo.
Alessandra:	...Mi piace molto. Quant'è?
Commessa:	Costa 72 euro e 30 centesimi, ma c'è uno sconto del 20%. Quindi, ...57 euro e 84 centesimi.
Alessandra:	Perfetto! La prendo. Ecco a Lei!

b. In un negozio di calzature

Giovanna:	Buongiorno! Vorrei vedere quelle scarpe con il tacco alto che sono in vetrina.
Commessa:	Quelle di pelle o di cuoio?
Giovanna:	Quelle di cuoio. Ci sono anche in marrone o solo in nero?
Commessa:	Tutte e due. Questo modello è molto di moda questo inverno.
Giovanna:	Lo so; le vedo su tutte le riviste. Posso provare quelle marroni?
Commessa:	Certo. Che numero porta?
Giovanna:	Il 39.
Commessa:	Un attimo che le trovo... Eccole! ...Vanno bene?
Giovanna:	Mi piacciono, sono molto morbide; quanto costano?
Commessa:	Eh... sono 98 euro.
Giovanna:	Pensavo di meno. Non c'è lo sconto?
Commessa:	Mi dispiace, abbiamo prezzi fissi.
Giovanna:	Però le voglio. Accettate carte di credito, vero?
Commessa:	*Carta Sì* solo. Presto accetteremo anche la *Diner's*.
Giovanna:	Nessun problema: ce l'ho. Ecco!

1. Ad Alessandra piace una camicetta
       ❑ a. di viscosa e cotone
       ❑ b. di viscosa e seta
       ❑ c. di seta e cotone

2. Alla fine
- ❏ a. compra quella rosa
- ❏ b. compra quella azzurra
- ❏ c. le compra tutte e due

3. Giovanna vuole un paio di scarpe
- ❏ a. di pelle nera
- ❏ b. di cuoio marrone
- ❏ c. di pelle marrone

4. Alla fine paga
- ❏ a. con la *Carta Sì*
- ❏ b. in contanti
- ❏ c. con la *Diner's*

Espressioni utili

chiedere il prezzo	**parlare del colore**
quant'è?	*di che colore è?*
quanto costa?	*c'è anche in blu?*
quanto viene con lo sconto?	*lo preferisco nero*

esprimere parere	**parlare del numero / della taglia**
è molto elegante!	*che numero porta?*
è di / alla moda!	*che taglia è?*
è bellissimo!	*è un po' stretto!*

---

11 Capi di abbigliamento

1. gonna, 2. camicetta, 3. giacca da donna, 4. calze, 5. cappotto, 6. giacca da uomo, 7. gilet,
8. camicia, 9. pantaloni, 10. cravatta, 11. occhiali, 12. maglione, 13. jeans, 14. giubbotto

10 Vocabolario

a. *Abbinate tra loro i sinonimi*

sbottonato	*raffinato*
maglietta	*portare*
tessuto	*t-shirt*
pullover	*aperto*
elegante	*stoffa*
indossare	*maglione*

b. *Abbinate tra loro i contrari*

abbottonato	*moderno*
stretto	*lungo*
corto	*bottone*
classico	*largo*
zip	*vestirsi*
spogliarsi	*sbottonato*

13 Di che stile è?

Cosa considerate classico e cosa moderno? Abbinate i vari articoli di abbigliamento secondo i vostri gusti. Lavorate in coppie parlando solo in italiano

il maglione a collo alto
il cappotto
gli stivali
il collant
jeans e giacca
il frac
il giubbotto di pelle

Classico
?
Moderno

il completo da uomo
la minigonna
i guanti
i bermuda
il cappello
la pelliccia
il gilet

14 Situazione

Role-play

▷ **Sei A:** *entri in un negozio di abbigliamento per comprare un regalo per un amico. Chiedi l'aiuto della commessa (o del commesso) su che cosa è di moda, idee, prezzi, tessuti ecc.*

▷ **Sei B:** *sei la commessa (o il commesso) e cerchi di aiutare A a scegliere qualcosa che piacerà al suo amico; fai domande e fornisci suggerimenti sulla taglia, lo stile in genere, i colori e la somma che A vuole spendere.*

15 Parliamo

Descrivete, usando quanti dettagli possibili, come sono vestiti i vostri compagni

I verbi riflessivi con i verbi modali

Dobbiamo fermarci per un attimo.	=	**Ci dobbiamo fermare** per un attimo.
A che ora **vuoi svegliarti** domani?	=	A che ora **ti vuoi svegliare** domani?
Possiamo trovarci stasera?	=	**Ci possiamo trovare** stasera?

Come abbiamo già visto, i pronomi si mettono
o prima del verbo modale o alla fine dell'infinito

16 *Completate oralmente le frasi secondo il modello*

> Andrea, *(tu-dovere-prepararsi).*
> **a.** *Andrea, ti devi preparare.* / **b.** *Andrea, devi prepararti.*

1. Scusa, ma io non *(potere-vestirsi)* davanti a te!
2. Se vogliono superare l'esame, *(dovere-mettersi)* a studiare seriamente.
3. Michele, se *(volere-lavarsi)* le mani, il bagno è in fondo a sinistra.
4. Noi *(volere-vedersi)*, ma di solito non ci riusciamo.
5. Ma perché *(tu-dovere-arrabbiarsi)* ogni volta che hai torto?!
6. Ragazzi, purtroppo non *(potere-occuparsi)* di molte cose insieme.
7. Professore, se vuole stare bene, *(dovere-calmarsi)* un po'.
8. Io non *(volere-rassegnarsi)* mai a questo modo di vivere veloce.

> Nel *Libro degli esercizi* vedete n. 12 e 13

> **Mi sono dovuto svegliare** presto stamattina.

> Io **ho dovuto svegliarmi** tardi.

Osservate:

> Carla non **si è potuta preparare** in tempo.

> Nemmeno Lucia **ha potuto prepararsi** in tempo.

> **Ci siamo voluti vedere** ieri pomeriggio.

> Anche noi **abbiamo voluto vederci** ieri pomeriggio.

<u>Nota:</u> Nei tempi composti (p. prossimo, trapassato prossimo, futuro composto ecc.) se mettiamo il pronome all'inizio del verbo modale, usiamo l'ausiliare *essere*. Se lo mettiamo alla fine dell'infinito, usiamo l'ausiliare *avere*.

17 *Completate oralmente le frasi secondo il modello*

> Perché *(tu-dovere-svegliarsi)* così presto?
> **a.** *Perché ti sei dovuto svegliare così presto?* / **b.** *Perché hai dovuto svegliarti così presto?*

1. Come mai *(tu-volere-vestirsi)* così pesante?
2. Stamattina *(io-dovere-radersi)* con il rasoio elettrico di mio padre.
3. Come mai Margherita *(volere-occuparsi)* di sport ultimamente?
4. Dora e Ester non *(potere-incontrarsi)* perché erano impegnate.
5. Alla fine *(noi-dovere-rivolgersi)* al direttore stesso.
6. Il negoziante non *(potere-difendersi)* dal ladro.

> Nel *Libro degli esercizi* vedete n. 14

18   **Chiedere - esprimere parere**

- Ecco il cappotto che mi piace. Che ne pensi?
- Bello! Quanto costa?
- 500 euro.
- Secondo me, è un po' caro.

- Andiamo a fare spese domani; eh, che ne dici?
- D'accordo!

- Cosa ne pensi di quel golf? A me sembra un po' pesante.
- No, non credo che sia pesante. Anzi, penso che sia abbastanza leggero.

- Bello questo vestito; che ne dici?
- Sì, lo trovo molto elegante, anche se un po' classico.

chiedere un parere	esprimere un parere
che ne pensi?	*lo trovo un po'...*
che ne dici?	*secondo me, è...*
cosa ne pensi di...?	*penso che sia... / credo che sia...**

> *__Nota:__* "credo che sia" e "penso che sia" sono forme del congiuntivo, molto utili per parlare e scrivere in modo corretto, e che vedremo dettagliatamente in Progetto italiano 2. Quindi, pazienza!

19

Role-play

▷ **Sei A**: *chiedi il parere di B su:*

▷ **Sei B**: *esprimi la tua opinione su tutto quello che dice A*

- *qualcosa che indossi*
- *un personaggio famoso*
- *questo libro*
- *gli italiani e le italiane*
- *qualche idea che hai*

20 *Gianna è una ragazza straniera che pensa di andare a studiare in Italia. Discute, quindi, con un suo amico, Giorgio, che è già studente. Leggete il loro dialogo e rispondete alle domande che seguono*

Gianna: Racconta un po': com'è la vita in Italia?

Giorgio: Cosa vuoi sapere in particolare?

Gianna: Per esempio, bisogna studiare molto?

Giorgio: Quello sì, si studia molto. Se uno vuole superare gli esami, deve studiare. Poi?

Gianna: In genere si esce molto?

Giorgio: Dipende dalla città: a Bologna, per esempio, dove sto io, ci sono moltissimi studenti e si esce parecchio. Senza esagerare, però.

Gianna: Cioè, quando si esce che si fa, dove si va?

Giorgio: Uno può andare a ballare in qualche club, può andare a bere o a mangiare in un'osteria, in qualche trattoria, ecc.

Bologna: l'Università

Gianna: Più o meno come da noi, cioè. Si spende molto per fare la spesa, fare acquisti, ecc.?

Giorgio: Sicuramente non è la città più economica d'Italia. Però una volta lì, quando avrai imparato alcune cose, vedrai che si può vivere senza spendere tanto, né per mangiare né per divertirsi. Anzi, ci si diverte spendendo relativamente poco. Del resto, alla mensa, si mangia bene e non si paga molto.

	vero	falso

1. Secondo Giorgio, per superare gli esami uno deve studiare un bel po'.
2. Si esce molto in tutte le città italiane.
3. Di solito, quando si esce, si va a ballare o a bere qualcosa.
4. Per vivere in Italia uno deve spendere un sacco di soldi.
5. In genere ci si diverte senza spendere troppo.

La forma impersonale

In mensa **uno mangia** molto bene.	⇨	In mensa **si mangia** molto bene.
Se **uno** non **studia**, non impara.	⇨	Se non **si studia**, non **si impara**.

Osservate: **Uno si** diverte molto.   <u>ma</u>   ~~Si si~~ diverte molto. ⇨ **Ci si** diverte molto.
  Uno si sveglia presto.   <u>ma</u>   ~~Si si~~ sveglia presto. ⇨ **Ci si** sveglia presto.

21 _Trasformate oralmente le frasi secondo il modello_

> In Italia *(viaggiare)* spesso in treno.
> **a.** *In Italia si viaggia spesso in treno. /* **b.** *In Italia uno viaggia spesso in treno.*

1. Per comprare un appartamento in centro *(dover pagare)* tantissimo.
2. In questo ristorante *(mangiare)* bene.
3. In questa unità *(occuparsi)* di abbigliamento.
4. Per non disturbare, di solito *(telefonare)* fino alle dieci di sera.
5. Se *(andare)* a letto tardi, il giorno dopo *(svegliarsi)* a fatica.
6. In una città come Firenze *(spendere)* molto per viverci.
7. Negli ultimi anni *(sposarsi)* abbastanza tardi.
8. Se *(parlare)* spesso con italiani, alla fine *(esprimersi)* bene in italiano.

Osservate:

Quando uno è giovane, è più ottimista. ⇨ Quando **si è giovani**, si è più **ottimisti**.
Se uno lavora troppo, si sente stanco. ⇨ Quando si lavora troppo, **ci si sente stanchi**.

Nel *Libro degli esercizi* vedete n. 15 - 18

22 **Espressioni impersonali**

> **È possibile** pagare con la carta di credito. *(Si può pagare…)*
> **Bisogna** leggere le istruzioni. *(Si deve…)*
> **È necessario** lavorare di più. *(Bisogna, Si deve)*
> **(È) meglio** andare via.
> Non **è facile / difficile** fare nuove amicizie.
> Non **è giusto** parlare così.
> **È inutile / utile** cercare di convincerlo.
> **È bello** stare con te.
>
> *In espressioni come queste non è necessario specificare il soggetto.*
> *Dal contesto possiamo capire chi parla e di che cosa.*

Nel *Libro degli esercizi* vedete n. 20

23 Un regalo *Leggete il dialogo e indicate quali delle affermazioni che seguono sono esatte*

Commesso: Buongiorno! Posso aiutarLa?

Stefano: Sì. Domani è l'anniversario dei miei e pensavo ad un foulard per mia madre e una cravatta per mio padre.

Commesso: Allora... questi foulard sono molto alla moda e ne abbiamo in molti colori. È bionda o bruna Sua madre?

Stefano: Bruna.

Commesso: Perfetto; consiglio il rosso o il blu.

Stefano: No, ...non mi piacciono questi colori. Li trovo un po' troppo moderni.

Commesso: Magari questo verde qua, oppure quello giallo.

Stefano: Il verde va bene. Mi piace anche il disegno. Non m'intendo molto di cravatte. Mi può aiutare?

Commesso: Certo, ...a me piace molto questa qua a righe blu e celesti.

Stefano: No, sembra la nazionale di calcio!!!

Commesso: Ecco: c'è questa grigia a quadretti, oppure quella verde limone a fiori?

Stefano: No, non mi piacciono. Non importa; prendo solo il foulard.

❑ Per la madre di Stefano il commesso consiglia un foulard a righe.
❑ Ne propone anche uno celeste.
❑ Alla fine, Stefano non sceglie solo in base al colore.
❑ Stefano non è un esperto di cravatte.
❑ Preferisce quella azzurra a quella grigia.
❑ Le proposte del commesso non hanno soddisfatto del tutto Stefano.
❑ Alla fine, rimanda la scelta della cravatta.

24 Ascolto

Ascoltate il brano e rispondete alle domande (Libro degli esercizi, p. 118)

25 Parliamo

1. Hai un tuo stile di abbigliamento? Come ti vesti di solito? In quali occasioni ti vesti in modo più classico? Scambiatevi idee.
2. Di solito fai compere da solo o in compagnia di qualche persona particolare? Da che cosa dipendono le tue scelte quando entri in un negozio?
3. Consideri l'abbigliamento importante e perché? Spendi relativamente (alle tue disponibilità economiche, ad altri ecc.) molto o poco per abiti? Scambiatevi idee.
4. Quando è il periodo dei saldi da voi? Sono convenienti?

26 Scriviamo

Hai intenzione di andare a Milano per affari e spese. Scrivi una lettera ad un tuo amico che studia lì per: a) salutarlo e informarlo di questo viaggio, b) informarlo delle cose che vuoi comprare, c) chiedere se conviene fare acquisti in Italia in genere e d) chiedere informazioni sui saldi (date, sconti) e se conosce qualche negozio in particolare *(100-120 p.)*.

> *Fate il test finale dell'unità*

La moda italiana

Da molti anni la moda (alta e non) e l'Italia sono considerati quasi sinonimi. Il "made in Italy" è per gli italiani uno dei settori più sviluppati della loro economia, con esportazioni in tutto il mondo, ed è l'espressione del gusto e della raffinatezza che li contraddistingue.

Gli italiani sono un popolo elegante e considerano la moda molto importante. Tant'è vero che spendono parecchio per l'abbigliamento, anche se pochi si possono permettere i capi firmati dai grandi stilisti. La maggior parte si rivolge a tanti altri, meno conosciuti all'estero, che offrono alta qualità a prezzi più bassi.

Gli stilisti italiani

Chi non li conosce? I loro capi si trovano nei migliori negozi di tutto il mondo e le loro sfilate sono, spesso, considerate importanti eventi culturali.

Giorgio Armani (foto n.1) ha creato un suo stile. Con negozi propri nelle città maggiori è lo stilista preferito da molte stelle di Hollywood. Famosi i suoi completi da uomo e i suoi tailleur.

Valentino (foto n.2) è stato per anni lo stilista dell'alta società: Jackie Kennedy, Liz Taylor e Soraya erano solo alcune delle sue celebri clienti.

Gianfranco Ferrè (foto n.3), oltre ad essere il direttore della casa Dior, firma anche i suoi abiti di stile un po' più classico.

Gianni Versace (foto n.4), assassinato nel 1997, amava i disegni moderni e i colori vivaci; molto nota la sua linea di accessori (cravatte, foulard ecc.).

Altri stilisti di successo mondiale sono **Krizia**, **Enrico Coveri**, **Trussardi** (famosi i suoi jeans e i suoi accessori di pelle), **Missoni** (noto soprattutto per le sue maglie), **Laura Biagiotti**, **Gucci** (sinonimo di borse e di accessori di alta qualità), **Dolce & Gabbana** (foto n.5) e **Moschino** (preferiti dai giovani di tutto il mondo) ecc.

Un caso particolare rappresenta **Luciano Benetton**. Da semplice commesso è arrivato a costruire pian piano un vero e proprio impero economico basato su idee semplici: capi colorati, clientela giovanile, marketing aggressivo e vendita in tutto il mondo tramite il sistema franchising. Oggi ci sono centinaia di negozi Benetton in tutto il mondo. Molto caratteristiche sono state le sue pubblicità (opere del fotografo Oliviero Toscani), il più delle volte provocanti, che avevano suscitato molte polemiche.

Casi simili sono quelli della **Sisley** e della **Stefanel**.

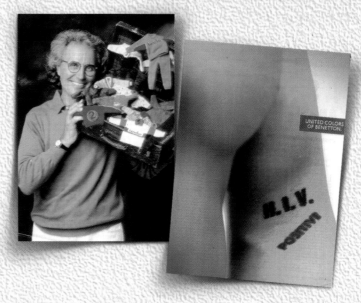

Ogni stilista ha la sua linea di profumi da uomo e da donna

Moda italiana, però, non significa solo abbigliamento. Molto noti sono gli occhiali della **Luxottica**, che è il più grande produttore del mondo; collabora con *Armani*, *Byblos*, *Vogue* e le più importanti firme del settore.

Altrettanto famosi sono i gioielli italiani. A parte il fatto che l'Italia è il massimo produttore di oro lavorato a livello mondiale, la fantasia degli stilisti del genere (*Bulgari* ecc.) è senza limiti.

I prodotti di pelle (scarpe, giubbotti, accessori) e le pellicce sono, infine, due altri settori di successo internazionale degli italiani.

1. Per gli italiani è molto importante
   - ❏ a. comprare abiti firmati dai grandi stilisti
   - ❏ b. vestirsi bene
   - ❏ c. spendere poco per l'abbigliamento

2. Degli stilisti presentati, meno moderni sono
   - ❏ a. Armani e Versace
   - ❏ b. Trussardi e Dolce & Gabbana
   - ❏ c. Valentino e Ferrè

3. Molto famosi sono gli accessori di
   - ❏ a. Moschino
   - ❏ b. Gucci
   - ❏ c. Biagiotti

4. Luciano Benetton
   - ❏ a. ama provocare
   - ❏ b. è autore delle sue pubblicità
   - ❏ c. ha ereditato un impero

Preferenze televisive

*Daniela e Simone sono a casa e guardano la tv. Ascoltate il loro dialogo una
prima volta senza guardare il testo scritto.*

1 <u>*Riascoltate il brano e rispondete alle domande che seguono*</u>

	vero	falso
1. Simone sta guardando una partita di calcio.		
2. A Daniela interessa una trasmissione sociale.		
3. Simone le spiega perché non gli piacciono questi programmi.		
4. Alla fine Daniela si arrabbia con il conduttore del programma.		

Daniela: Che stai guardando?

Simone: Niente di speciale, veramente sto facendo un po' di
zapping. Fra mezz'ora, però, c'è il calcio.

Daniela: C'è una trasmissione su Canale 5 che
vorrei vedere, se non ti dispiace.

Simone: Vediamo ... non è cominciata, c'è ancora
la pubblicità. Ma che programma è?

Daniela: Si chiama "Vi diamo ascolto". C'è il conduttore che ogni volta parla di un problema sociale diverso. Poi i tele-
spettatori gli telefonano e gli raccontano le loro esperienze. Ieri, per esempio,
si parlava di divorzi, matrimoni in crisi e così via.

Simone: Uffa, Daniela! Ti ho detto mille volte che è meglio non
guardare questi programmi; fanno più male che
bene. Non solo ma, secondo me, il conduttore
sfrutta le persone che chiamano e non gli offre
niente.

Daniela: Non è vero! Se guardi un po' vedrai che la trasmissione aiuta la gente. Per esempio, qualche giorno fa,
mentre una signora, madre di tre figli, parlava delle
difficoltà economiche che affronta, un signore ha
chiamato e in diretta le ha offerto un posto di lavoro.
Se questo non è aiuto, mi puoi dire che cos'è?

Simone: In questo caso, sì. Ma quello che cerco di farti capire è
che programmi come questo mi sembrano poco intelli-
genti, fanno parte della sottocultura televisiva e hanno lo
scopo di farti commuovere.

Daniela: Va bene! Io sarò pure una persona poco intelligente,
forse mi interessa la sottocultura e mi piacciono trasmissioni come questa. Tu, invece, sei una persona intelli-
gentissima, ti interessano solo le trasmissioni sportive
che ti danno una cultura di altissimo livello!!!

2   *Leggete e pronunciate*

Uno di voi è Daniela e un altro è Simone. Leggete ad alta voce il dialogo, cercando di imitare, quanto possibile, la pronuncia e l'intonazione delle persone ascoltate. Insomma, dovete "recitare" leggendo. Poi verificate le vostre risposte all'esercizio 1.

3   *Rispondete oralmente alle domande*

1. Cosa succede in "Vi diamo ascolto"?
2. Cosa dice Simone di questo programma?
3. Cosa dice Daniela per fargli vedere che il programma aiuta la gente?
4. Perché si arrabbia Daniela alla fine?
5. Chi dei due ha ragione, secondo voi? Scambiatevi opinioni.

4   *Il giorno dopo Simone parla con un suo amico, Eugenio. Completate il loro dialogo scegliendo dalla lista di pronomi indiretti a fianco*

Eugenio:	Hai visto la partita ieri?	mi
Simone:	No, ho litigato con Daniela e non l'ho vista.	
Eugenio:	Ma che cosa .... ha fatto la poverina?	le
Simone:	Niente... solo che insisteva a guardare "Vi diamo ascolto", un programma che .... piace tanto. E .... dà fastidio il fatto che .... piacciono programmi stupidi.	mi
		ti
Eugenio:	Perché stupidi?	
Simone:	Perché c'è il conduttore che fa il filosofo e i telespettatori .... telefonano e .... parlano dei loro problemi. E Daniela non può capire che queste trasmissioni non .... offrono niente.	gli
		le
Eugenio:	Scusa, ma non sono d'accordo. Anch'io spesso la guardo questa trasmissione e devi sapere che .... ha insegnato parecchie cose. Come, per esempio, pensare agli altri. E .... dirò anche una cosa che non sai: alcuni giorni fa c'era una donna, madre di tre figli, che aveva problemi economici. Ho telefonato e .... ho offerto un posto di lavoro!!!	le
		ti
		le
		gli

5   *In base a tutto quello che avete letto scrivete un breve riassunto (30-40 p.) del dialogo introduttivo tra Daniela e Simone*

....
....
....
....
....
....

I pronomi indiretti

La musica classica *a me* piace molto.   ⇨   La musica classica **mi** *piace* molto.

A te interessa la politica?   ⇨   **Ti** *interessa* la politica?

Offro la mia collaborazione *a Carlo*.   ⇨   **Gli** *offro* la mia collaborazione.

Sei sicuro che darai i tuoi appunti *a lei*?   ⇨   Sei sicuro che **le** *darai* i tuoi appunti?

Signore/a, *a Lei* posso dire tutto!   ⇨   Signore/a, **Le** posso dire tutto!

A noi sembra strano questo fatto.   ⇨   **Ci** *sembra* strano questo fatto.

Alessio non presterà soldi *a voi*.   ⇨   Alessio non **vi** *presterà* soldi.

Non chiedo mai niente *ai miei* genitori.   ⇨   Non **gli** *chiedo* mai niente.

Telefono spesso *a* **Rita** e **Tiziana**.   ⇨   **Gli** *telefono* spesso.

Nota: Offro il caffè **agli ospiti**. ⇨ **Gli** offro il caffè. / Offro **loro** il caffè.

6 *Osservando la scheda di sopra sostituite oralmente le parole sottolineate secondo l'esempio*

> Ho fatto una sorpresa <u>a Chiara</u>. ⇨ *Le ho fatto una sorpresa.*

1. Lorenzo telefonerà <u>a Giovanna</u> alle dieci.
2. <u>A me</u> che cosa porterai dall'Italia?
3. <u>A voi</u> piace la pallacanestro?
4. Cosa regali <u>ai tuoi amici</u>?
5. Purtroppo <u>a te</u> non scrivo molto spesso.
6. <u>A me e a Letizia</u> interessa Internet.
7. Chiederò <u>a Beppe</u> di aiutarmi.
8. Signora Berti, <u>a Lei</u> sembra logico tutto ciò?

> Nel *Libro degli esercizi* vedete n. 1 - 4

I pronomi nei tempi composti

Pronomi diretti		Pronomi indiretti
Mi ha vist**o/a** ieri.		**Mi** ha dett**o** la verità.
Ti ho convint**o/a**?		**Ti** ho spiegat**o** tutto.
L'ho conosciut**o** tempo fa.		**Gli** abbiamo regalat**o** un vaso cinese.
L'ho invitat**a** a casa mia.	*ma*	**Le** ho portat**o** fortuna.
Ci ha chiamat**o/i** Andrea.		**Ci** hanno prestat**o** la loro moto.
Vi abbiamo presentat**o/i** a tutti.		**Vi** ho telefonat**o** più volte.
Li ho portat**i** a casa.		**Gli** ha spedit**o** una lettera.
Le ho pres**e** in giro.		**Gli** ho offert**o** un po' di vino.

7 _Sostituite oralmente le parole sottolineate usando i pronomi indiretti_

1. Abbiamo inviato un telegramma di congratulazioni <u>al dottor Marini</u>.
2. Ho consigliato <u>a mia sorella</u> di non frequentare quel tizio.
3. <u>A Flavio e a Nadia</u> è successo un incidente.
4. Ho fatto vedere <u>a Nicola</u> l'anello che Gianni ha regalato <u>a me</u>.
5. Questo concorso di bellezza darà <u>alle ragazze</u> l'opportunità di diventare famose.
6. Sofia, chi ha parlato così male <u>a te</u>?

> Nel *Libro degli esercizi* vedete n. 5, 6 e 7

Attenzione:

Ti	è piaciut**o**	il regal**o** di Davide?
Non mi	è piaciut**a**	la sua cravatt**a**.
Non ci	sono piaciut**i**	i programm**i** di ieri.
Vi	sono piaciut**e**	le nostr**e** foto?

8 _Osservando la scheda completate le frasi_

1. Non .... affatto la commedia che abbiamo visto.
2. .... gli amici di Nicola?
3. .... molto quell'articolo sui dialetti.
4. Non posso dire che .... tutte le sue idee.

> Nel *Libro degli esercizi* vedete n. 8

9 **Alcune espressioni con i pronomi indiretti**

Chiedere qualcosa in prestito

Ci presti il tuo dizionario?

Mi dai in prestito questa cassetta?

Esprimere parere

Quel che dice non *mi* sembra logico.

Ti pare giusto?

135

Esprimere dispiacere

> *Mi* dispiace, ma non ti posso aiutare.

> *Vi* dà fastidio se fumo?

Chiedere un favore

> Senti, *mi* puoi fare un favore?

> *Mi* fai un piacere?

> *Mi* puoi dare una mano, per favore?

Esprimere un desiderio

> A dire la verità non *mi* va di uscire stasera.

> *Ti* va un caffè?

10 *Osservando le battute precedenti completate le frasi*

1. Quella ragazza .... un po' misteriosa.
2. ....? Mi dai un passaggio?
3. Giovanna, ... se apro un po'?
4. Dopo tutto quel che è successo .... di andare a casa sua.
5. .... questo cd? Lo voglio registrare.
6. ...., ma non possiamo vederci nemmeno domani.
7. .... quando mi danno del tu senza conoscermi bene.
8. Cerco di spostare questo armadio, ma non ci riesco; ....?

I pronomi indiretti con i verbi modali

Mi puoi dire che cavolo vuoi?	=	Puoi dir**mi** che cavolo vuoi?
Non **ti** devo spiegare nulla.	=	Non devo spiegar**ti** nulla.
Gli voglio regalare uno stereo.	=	Voglio regalar**gli** uno stereo.
Cosa **le** vuoi chiedere?	=	Cosa vuoi chieder**le**?
Direttore, **Le** posso parlare?	=	Direttore, posso parlar**Le**?
Ci devi consegnare le chiavi.	=	Devi consegnar**ci** le chiavi.
Vi volevo fare gli auguri!	=	Volevo far**vi** gli auguri!
Purtroppo, non **gli** posso dare di più.	=	Purtroppo, non posso dar**gli** di più.

Come tutti i pronomi anche quelli indiretti si mettono o prima del verbo modale, oppure alla fine dell'infinito, formando con esso una sola parola.

Nel *Libro degli esercizi* vedete n. 9 e 10

11 *Leggete il programma televisivo e il dialogo telefonico tra Cesare e Cleopatra*

RADIOTELEVISIONE IMPERIALE ROMANA I

domenica 14 marzo 44 a.C.

14.00 Telegiornale: cos'è successo oggi nell'Impero e nel mondo
15.00 Cartoni animati: Asterix legionario
15.30 Documentario: La Magna Grecia
17.30 Calcio: Roma - Cartagine (finale di coppa dei campioni)
18.30 Milagros (telenovela)
19.30 Beautiful (soap)
20.30 La ruota della fortuna (gioco)
21.30 Attualità: Cicerone intervista Marco Antonio
22.30 Film: La scoperta dell'America

Cesare:	Ciao, amore! Come stai?
Cleopatra:	Bene, e tu? Non ti sento bene.
Cesare:	Sono queste linee telefoniche che mi danno ai nervi. Siamo quasi all'anno zero e non si può fare una telefonata internazionale senza problemi!

Cleopatra: Pazienza, Giulio! Allora, cosa hai fatto ieri sera?

Cesare: Ho guardato la tv.

Cleopatra: C'era qualcosa d'interessante? Sai, che in Egitto non riceviamo ancora i vostri programmi.

Cesare: Mah, le solite cose: ho guardato una puntata di Asterix, anche se mi è antipatico.

Cleopatra: A me, invece, Asterix piace; è molto carino. Poi?

Cesare: C'era un documentario sulla Magna Grecia che avevo già visto e la finale di coppa dei campioni tra Roma e Cartagine. Meno male che abbiamo vinto, altrimenti i leoni del Colosseo aspettavano i giocatori; sia quelli nostri che gli avversari!

Cleopatra: Meno male! Poi, che altro c'era?

Cesare: Una telenovela e una soap opera che a me non piacciono affatto. *La ruota della fortuna*, però, la guardo sempre.

Cleopatra: Anche a me piace molto. Poi la sera?

Cesare: Alle nove e mezzo c'era un'intervista a Marco Antonio di Cicerone. Bravo ragazzo Antonio, lo devi conoscere.

Cleopatra: Lo sai che mi interessi solo tu, amore. E mi manchi tanto!!!

Cesare: Lo so. Poi alle dieci e mezzo c'era un film di fantascienza: *La scoperta dell'America* che non ho guardato. Ma che cos'è questa America?

Cleopatra: È un continente che, secondo la leggenda, è oltre le colonne d'Ercole!

Cesare: Incredibile! Ma come le pensano queste cose? Insomma, la tv statale fa schifo!

Cleopatra: Forse qualcuno deve inventare quella privata!!!

12 *In base a quanto letto segnate le affermazioni esatte tra quelle che seguono*

1. Cesare e Cleopatra si trovano a Roma. ❑
2. Cleopatra non guarda la tv romana perché non le piace. ❑
3. Per quanto riguarda Asterix, Cleopatra e Cesare non sono d'accordo. ❑
4. Roma ha conquistato la coppa dei campioni. ❑
5. Cesare è un fan delle telenovele. ❑
6. A tutti e due piacciono i giochi televisivi. ❑
7. Cesare non sa cos'è l'America anche se ha visto il film. ❑
8. Cesare pensa di inventare la tv privata. ❑

13 *Con l'aiuto del vostro insegnante e cinque minuti a disposizione per prepararvi, scegliete tra le attività che seguono quelle che ritenete più interessanti:*

1. presentate ai vostri compagni le trasmissioni di uno dei canali proprio come farebbe una presentatrice (*alle... c'è..., ...andrà in onda... ecc.*).
2. fate una lista dei programmi che vi piacciono e presentateli in breve ai vostri compagni (*su canale..., alle... ecc.*).
3. cercate trasmissioni che assomigliano ad altre del vostro paese; poi presentatele ai vostri compagni (*assomiglia a..., è uguale a... ecc.*).

RAI UNO TELEFONO 06/36864890

6,30 Tg1 - Notiziario.
6,45 Attualità. *«Uno mattina» speciale elezioni»*. Chiamare 0769/73933 (giochi) e 0769/73915.
– Tg1 - Mattina (ore 7/7,30/8/9).
– Tg1 - Economia (ore 7.35).
– Tg1 - Flash (ore 8.30/9,30).
10,00 FILM-Avventura
«Gli indomabili dell'Arizona».
Di Burt Kennedy. (Usa. '65). Con Glenn Ford, Henry Fonda.
11,20 Attualità.
«Verdemattina». Chiamare 0769/73999 (giochi). 167/552909 (consigli verdi), 0769/73910 (astrologo). Servizio da pag. 50.
Nel corso del programma:
11,30 Telegiornale.
12,25 Che tempo fa.
12,30 Tg1 - Flash.
12,35 TF-La signora in giallo.
«Una vecchia storia irlandese»
13,30 Telegiornale.
13,55 Tg1 - Economia.
14,05 Documenti.
«Passaggio a nord-ovest».
15,20 Attualità.
«Sette giorni al Parlamento».
15,50 Varietà. *«Solletico»*.
Chiamare 0369/8034.
– Cartoni-Highlander.
«L'ultimo dei Mac Leads».
– Cartoni-Heidi. *«I primi passi»*.
– Cartoni-Aladdin.
«La stirpe degli El-Katib».
– TF-Zorro. *«Un morto che parla»*.
18,00 Telegiornale.
18,10 Musicale.
«Concerto per la riapertura del Teatro Massimo». Da Palermo.
18,45 Varietà. *«Luna Park»*.
Con Fabrizio Frizzi.
Nel corso del programma:
19,20 Che tempo fa.
20,00 Telegiornale.
20,30 Tg1 - Sport.
20,35 Varietà. *«La Zingara»*.
Chiamare 0769/73921.

RAI DUE TELEFONO 06/36864890

6,40 Varietà.
«Scanzonatissima».
7,00 Go-Cart Mattina.
– Cartoni-Don Coyote e Sancho Panda.
«Un drago per amico»
7,25 Cartoni-Papà Castoro.
7.55 Cartoni-Ape Maia.
«Flip in trappola»
8,15 Cartoni-Le avventure di Tin Tin.
«La stella misteriosa»
8.35 TF-Lassie.
«Un cavallo selvaggio»
9,00 Attualità.
«Protestantesimo».
9,35 Soap opera.
«Quando si ama».
10,00 Tg2 - Speciale elezioni amministrative.
11,30 Varietà. *«I fatti vostri»*.
Con Massimo Giletti. Regia di Michele Guardì. Chiamare 0769/7397.
13,00 Tg2 - Giorno.
13,30 Tg2 - Costume e società.
A cura di Mario De Scalzi.
13,45 Tg2 - Salute.
14,00 Varietà. *«Ci vediamo in Tv»*.
Con Paolo Limiti. Regia di Giuliano Nicastro. Chiamare 0369/8032.
Nel corso del programma:
16,15 Tg2 - Flash.
16,30 Attualità.
«La cronaca in diretta».
Con David Sassoli.
Nel corso del programma:
17,15 Tg2 - Flash.
18,10 Meteo.
18,15 Tg2 - Flash.
18,20 Tgs - Sportsera.
18,40 Attualità. *«In viaggio con "Sereno variabile"»*.
19,00 TF-Hunter.
«Valido movente». 1ª parte.
19,50 Varietà. *«Go-Cart»*. Con Violante Placido. Silvio Scotti.

TELEFONO 06/36864890 **RAI TRE**

6,00 Tg3 Mattino (ore 7-7,30).
- Meteo 3.
- Previsioni sulla viabilità.
8,30 Documenti.
«Famosi per 15 minuti».
8,50 Attualità. *«Elisir»*.
Con Michele Mirabella. (R).
10,30 Rai educational.
- Attualità. *«Tema»*.
Con Enzo e Ugo Golino. Per partecipare, n. verde 167/255109.
11,30 Tg3 - Speciale elezioni amministrative.
13,00 Rai educational.
- Attualità. *«Media/Mente»*.
Con Carlo Massarini.
Nel corso del programma:
- Attualità. *«Il grillo»*.
14,00 Tg regionali.
14,20 Telegiornale.
- Meteo 3.
14,50 Tgr - Leonardo o Speciale elezioni amministrativa.
15,00 Tgs - Pomeriggio sportivo.
15,05 Tennis. Internazionali d'Italia maschili.
Dal Foro Italico di Roma.
18,25 Meteo 3.
18,30 Soap opera. *«Un posto al sole»*. Con Ida Di Benedetto. Federica è obbligata a confessare la sua relazione a Eleonora. Dopo le proprie disavventure sentimentali, Silvia si sforza di credere ancora all'amore. Michele, intanto, è sempre più sotto pressione.
19,00 Telegiornale.
19,35 Tg regionali.
- Tgr - Sport regione.
20,00 Attualità.
«Dalle 20 alle 20».
Con Maria Latella.
20,15 Varietà. *«Blob»*.
20,40 Attualità. *«Misteri»*.
Con Lorenza Foschini, Stefano Madia. Regia di Vittorio Nevano.
22,30 Tg3-Tg regionali.

TELEFONO 02/58418

6,00 Telenovela.
«Lasciati amare».
7,00 FILM-Commedia B/N
«Il principe fusto». Di Maurizio Arena. (Italia. '60). Con Maurizio Arena, Lorella De Luca. Katia Caro.
8,30 Tg4 - Rassegna stampa (R).
8,50 Telenovela.
«Vendetta d'amore».
9,50 Attualità. *«Peste e corna»*.
Con Roberto Gervaso.
10,00 Telenovela. *«Perla nera»*.
Con Gabriel Corrado.
10,30 Telenovela.
«I due volti dell'amore».
11,00 Telenovela.
«Aroma de café».
11,30 Tg4 - Telegiornale.
11,45 Telenovela. *«Milagros»*.
Con Grecia Colmenares.
12,45 Quiz.
«La ruota della fortuna».
Con Mike Bongiorno.
13,30 Tg4 - Telegiornale.
14,00 Attualità. *«Es l'essenza della vita»*. Con Daniela Rosati.
14,15 Soap opera. *«Sentieri»*. Con Robert Newman. Josh è preoccupato per la prolungata assenza di Annie. Quando viene a sapere che la sera precedente la ragazza aveva bevuto in un bar e se ne era andata con uno sconosciuto, prega Frank di avviare le ricerche.
15,25 Attualità.
«Aspettando "Pianeta bambino"».
Con Susanna Messaggio.
15,35 FILM-Drammatico
«Celebrità». Di Nini Grassia. (Italia. '81). Con Nino D'Angelo. Regina Bianchi, Sonia Viviani. Lino Crispo.
17,45 Quiz.
«Ok, il prezzo è giusto».
Con Iva Zanicchi.

TELEFONO 02/58418

6,00 Tg5 - Prima pagina.
9,00 Documenti.
«Galapagos».
9,30 FILM TV - Drammatico
«Errore fatale».
Di Filippo De Luigi. (Italia, '91). Con Patricia Millardet, Isabel Russinova. Spiros Focas. Prima puntata. Roma. Giulia Visconti, un'affermata giornalista televisiva, è sposata con Luca e ha un figlio di 7 anni, Marco. La sua vita scorre serena, ma un giorno viene a sapere che un suo amico, Ernesto, è malato di Aids. Giulia ricorda di aver avuto con lui una relazione durante un viaggio in Messico anni prima. Quindi si sottopone alle analisi necessarie e scopre con sgomento di essere sieropositiva. Domani va in onda la seconda e ultima puntata.
11,30 Attualità. «Forum».
Con Rita Dalla Chiesa, Santi Licheri. Regia di Laura Basile.
13,00 Tg5 - Pomeriggio.
13,25 Attualità. «Sgarbi quotidiani». Con Vittorio Sgarbi.
13,40 Soap opera. «Beautiful».
Con Ronn Moss, Dylan Neal, Darlene Conley.
14,10 Attualità.
«Uomini e donne».
Con Maria De Filippi.
15,30 TF-La Tata.
«La festa della mamma».
16,00 FILM TV-Drammatico
«Causa di divorzio».
Di Eric Till. (Usa, '95). Con Patty Duke, Linda Dano.
18,00 Attualità. «Verissimo».
Con Cristina Parodi.
Regia di Gigi Botta.
18,45 Varietà. «Tira & molla».
Con Paolo Bonolis, Ela Weber.
Chiamare **0878/5005.**
20,00 Telegiornale 5.
20,30 Varietà. «Striscia la notizia».
Con Gene Gnocchi, Tullio Solenghi.
Regia di Roberta Bellini.
20,50 FILM-Spionaggio
«True Lies».
Con Arnold Schwarzenegger, Jamie Lee Curtis, Tom Arnold, Tia Carrere.
23,30 Tg5 - Sera.
23,35 Varietà.
«Maurizio Costanzo Show».
Con Maurizio Costanzo, Franco Bracardi. Regia di Paolo Pietrangeli.
Nel corso del programma:
0,30 Tg5 - Notte.
1,30 Attualità. «Sgarbi quotidiani».
1,45 Varietà. «Striscia la notizia».
2,00 Tg5 - Edicola.
2,30 TF-Dream on.
«Tra due fuochi».

TELEFONO 02/58418

6,10 TF-Segni particolari: genio — Cartoni-Corn'è grande l'America — Cartoni-Ghostbusters — Varietà. «La posta di "Ciao Ciao mattina"» — Cartoni-Là sui monti con Annette — Varietà «Giochiamo con "Ciao Ciao mattina"» — Cartoni-Che papà Braccio di ferro — Cartoni-C'era una volta Pollon — Varietà. «Tutti svegli con "Ciao Ciao"».
9,15 TF-A-Team.
«Un reporter molto vivace».
10,15 TF-Magnum P.I.
«Compagni di scuola».
11,20 Attualità. «Planet».
11,30 TF-Mc Gyver.
12,20 Studio sport.
12,25 Studio aperto.
12,50 Attualità.
«Fatti e misfatti».
12,55 TF-Happy Days.
«Una partita a poker».
13,30 Cartoni-Lupin, l'incorreggibile Lupin. «Il letto d'oro».
13,55 Varietà. «Ciao Ciao Parade».
Con Carlo Sacchetti.
14,00 Cartoni-Street Sharks: quattro pinne all'orizzonte.
14,25 Varietà.
«Ciao Ciao news».
14,30 Musicale. «Free Pass».
14,35 Attualità. «Colpo di fulmine».
Con Alessia Marcuzzi.
15,00 TF-Alta marea.
«Pedinata a vista».
16,00 Cartoni-Dolce Candy.
«La grande decisione di Terence».
16,30 Cartoni-Mila e Shiro due cuori nella pallavolo.
«Una promessa mantenuta».
16,55 Varietà. «Prove su strada di "Bim Bum Bam"».
17,00 Cartoni-Piccoli problemi di cuore. «Studiamo insieme?».
17,25 Varietà.
«L'allegra fattoria».
17,30 TF-Primi baci.
«Il grande dubbio».
18,00 TF-Karine e Ari.
«La grande partenza».
18,30 Studio aperto – Meteo.
18,50 Studio sport.
19,00 TF-Baywatch.
«Indovina chi viene a cena?».
20,00 Varietà. «Edizione straordinaria». Con Enrico Papi.
20,30 Studio aperto.
20,45 FILM-Commedia
«Piccolo grande amore». Con Barbara Snellenburg, Raoul Bova.
22,45 Varietà.
«Facciamo cabaret». Con Claudio Bisio. Vedere a pag. 24.
0,15 Sport. «Goals, il grande calcio inglese».
0,45 Attualità. «Fatti e misfatti».
0,55 Italia 1 sport/Studio sport.
5,00 TF-Ragionevoli dubbi.
6,00 TF-Super...

---

14 *Osservate la lista che segue con le trasmissioni più seguite in una settimana di aprile, parlate delle preferenze televisive degli italiani e confrontatele a quelle vostre*

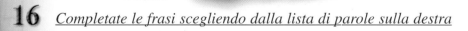

	I PIÙ VISTI	dal 24 al 30 aprile
1	Calcio • Italia-Polonia Raiuno, mercoledì 30	14.910.000 54,02% share
2	Automobilismo • G.P. di S. Marino Raidue, domenica 27	11.010.000 57,43% share
3	Film • Philadelphia Canale 5, lunedì 28	8.910.000 34,32% share
4	Telefilm • Linda e il brigadiere Raiuno, lunedì 28	7.670.000 27,29% share
5	Varietà • Striscia la notizia Canale 5, lunedì 28	7.661.000 30,22% share
6	Calcio • Fiorentina-Barcellona Raidue, giovedì 24	7.587.000 29,32% share
7	Varietà • Stranamore e poi... Canale 5, domenica 27	6.468.000 26,46% share
8	Varietà • Viva le italiane! Canale 5, sabato 26	6.227.000 29,86% share
9	Varietà • La Zingara Raiuno, lunedì 28	6.136.000 23,56% share
10	Film Tv • Racket Raidue, martedì 29	6.015.000 23,13% share

15 *Abbinate tra loro i sinonimi*

notiziario	rete
canale	varietà
show	pubblicità
spot	puntata
episodio	telegiornale

16 *Completate le frasi scegliendo dalla lista di parole sulla destra*

1. Per cambiare canale abbiamo bisogno del ....
2. Per ricevere programmi satellitari ci serve un'...............
3. Nel telegiornale ci sono anche .... culturali.
4. Un telefilm è composto da una serie di ....
5. Ogni varietà ha il suo ....

a. puntate
b. servizi
c. telecomando
d. conduttore
e. antenna parabolica

17 _Osservate le frasi che seguono e cercate di spiegarle: da dove sono prese, secondo voi? A chi si rivolgono? Parlatene tra di voi e con il vostro insegnante_

18 _Leggete con attenzione le battute e fate l'esercizio che segue_

-are

- Questo esame è veramente difficile! Che faccio?
- **Studia** di più!

- Vado all'edicola; ti serve qualcosa?
- Sì, **compra** *Panorama*!

- Amore, ti prego: stasera **facciamo** qualcosa di diverso! **Mangiamo** alla cinese!

- Avete perso le chiavi? **Cercate** bene!

-ere

- Se trovi il tempo, **leggi** quest'articolo!

- A piedi è un po' lontano: **prendiamo** il metrò!

- **Leggete** con attenzione queste frasi!

-ire

- C'è troppo fumo qua dentro.
- Se ti dà fastidio, **apri** la finestra!

- **Finiamo** questo lavoro e **usciamo**: sono proprio stufo!

- **Partite** subito! Il cliente vi aspetta e siete in ritardo!

19 *Completate le frasi scegliendo dalla lista di verbi a fianco*

1. .... di più! Solo così realizzerai i tuoi sogni.
2. Ragazzi, avete già studiato abbastanza: ....
3. Non ho voglia di uscire. Dai, ... ancora un po'!
4. .... come volete!
5. .... al concorso! Non hai niente da perdere.
6. Per favore, ... la sigaretta! Mi dà fastidio.
7. Andremo al cinema stasera: .... con noi!
8. .... una lettera ai tuoi! È da un mese che non gli scrivi.

parliamo
spegni
uscite!
scrivi
lavora
venite
fate
partecipa

20 *Osservate di nuovo le battute*

Non parlare così a tuo nonno! Lo devi rispettare di più!

Anna, **non prendere** la macchina oggi! Mi serve.

Ezio, **non partire** tardi, altrimenti arriverai di notte!

Questo fine settimana **non rimaniamo** in città! Facciamo una gita!

Non invitiamo Carla! Se si mette a parlare, non la smette mai!

Non apriamo un conto corrente in questa banca!

Ragazzi, **non fate** tardi! Domani è una giornata difficile.

Non dite niente! Avete ragione voi!

Non perdete più tempo! Fate presto!

21 _Inserite opportunamente i verbi nelle frasi_

1. .... lo spiritoso con me!
2. Ragazzi, ... Dacia a quest'ora: sta dormendo.
3. Stasera .... pesante! Devo fare un po' di dieta.
4. .... così triste! Cerca di non pensarci!
5. .... di prendere i vostri asciugamani!
6. Ti prego, ... i miei sentimenti per te!

> _non dimenticate_
> _non fare_
> _non tradire_
> _non mangiamo_
> _non chiamate_
> _non essere_

L'imperativo diretto (verbi regolari)

studiare

	affermativo	negativo
tu	studia!	non studiare!
noi	studiamo!	non studiamo!
voi	studiate!	non studiate!

leggere

	affermativo	negativo
tu	leggi!	non leggere!
noi	leggiamo!	non leggiamo!
voi	leggete!	non leggete!

aprire - preferire

	affermativo	negativo
tu	apri! - preferisci!	non aprire! - non preferire!
noi	apriamo! - preferiamo!	non apriamo! - non preferiamo!
voi	aprite! - preferite!	non aprite! - non preferite!

22 _Osservando la scheda di sopra costruite frasi orali secondo l'esempio_

> _(tu-portare)_ il vino per favore! ⇨ _Porta il vino per favore!_

1. _(voi-completare)_ questo questionario e consegnatelo alla segreteria!
2. _(noi-non-ascoltare)_ di nuovo Pavarotti! _(noi-ascoltare)_ Lucio Dalla, invece!
3. Se trovi un'edicola, _(tu-comprare)_ L'Espresso!
4. _(voi-venire)_ anche più presto se volete! Noi ci saremo dalle otto.
5. _(noi-cercare)_ di essere puntuali all'appuntamento di domani!
6. _(tu-vedere)_ un po': a che ora c'è quel film di Tarantino?
7. _(tu-non-spedire)_ oggi tutte le lettere! Solo quelle per l'estero.
8. _(tu-girare)_ a destra, poi a sinistra e troverai la stazione!

> Nel _Libro degli esercizi_ vedete n. 11 - 14

23 _Leggete le frasi e parlatene: potete capire da dove sono prese?_

MAL DI GOLA? AFFRONTALO CON **NEO FORMITROL STRONG**

SALVALA DALLA VIOLENZA.

SCRIVICI, TI RISPONDIAMO.

Coccolateli se non li volete perdere.

24 _Leggete i mini dialoghi e rispondete alle domande che seguono_

◆ Gianni, ti serve _Panorama_? Lo posso prendere?

◆ Prendilo pure, Alice! Cerchi qualcosa in particolare?

◆ Sì, ci deve essere un articolo sulle vacanze studio che mi interessa. Ah, ecco: c'è anche un concorso. Si può vincere una vacanza studio in Inghilterra. Posso tenerlo?

◆ Prendilo, ma non dimenticarlo a casa perché non l'ho letto ancora. Ma se ti interessa solo questa pagina, strappala pure!

◆ Pronto, Laura? Sono il signor Corrado, dalla redazione. Senti, mandami per favore via fax quella statistica sulle vendite dei quotidiani in Europa.

◆ Non ce l'ho ancora; ho chiamato il signor Baldi e mi ha detto che è molto impegnato.

◆ Allora, telefonagli di nuovo e digli che mi serve al più presto. Ricordagli anche di mandarmi la relazione che gli avevo chiesto.

◆ Dai, Lucio, svegliati! Sono già le otto e mezzo!

◆ Ti prego, mamma! Lasciami dormire ancora un po'!

◆ Non cominciare! Alzati, devi andare a lezione!

◆ Macché lezione?! Oggi è sabato!

◆ Scusami, tesoro! Mi sono confusa!!!

1. Perché Alice vuole il giornale di Gianni? Come risponde lui?
2. Cosa chiede a Laura il signor Corrado?
3. Che errore ha fatto la madre di Lucio?

DOVE SI LEGGE	
Paesi	Copie di quotidiani
Norvegia	619
Svezia	522
Finlandia	521
Germania	426
Svizzera	415
Austria	409
Gran Bretagna	362
Danimarca	340
Lussemburgo	333
Olanda	317
Irlanda	177
Belgio	173
Francia	157
Italia	115
Grecia	83
Spagna	81
Portogallo	39

Copie di quotidiani vendute per migliaio di abitanti secondo il rapporto World press trends per il 2003 curato dalla Fiej

L'imperativo con i pronomi

Ti serve il giornale?	Ti**e**ni**lo** pure!
Vuoi l'intera pagina?	Stra**ppala**!
Mi volete parlare?	Parla**temi** adesso!
Devi telefonare a Caterina?	Tel**e**fona**le** domattina!
Quante riviste compriamo?	Compria**mone** due!
Vedrai Guido?	Di**gli** che gli voglio parlare!
Non ti sei preparato ancora?	Prepa**rati** subito!
È da un po' che non ci vediamo.	Ved**iamoci** stasera!

Nota: Come vedete i pronomi seguono l'imperativo diretto formando con esso una sola parola.

L'imperativo negativo con i pronomi

Non ten**erlo**!		**Non lo** tenere!
Non and**arci**!		**Non ci** andare!
Non parl**arne**!	ma	**Non ne** parlare!
Non sbrig**arti**!	anche	**Non ti** sbrigare!
Non incontr**atevi**!		**Non vi** incontrate!

Nota: Nell'imperativo negativo mettiamo i pronomi prima oppure dopo il verbo.

25 *Rispondete oralmente secondo l'esempio*

> Vuoi prendere questa rivista?
> a. *Prendila!* / b. *Non prenderla!*

1. Volete parlare a Debora?
2. Vuoi vestirti elegantemente?
3. Dobbiamo andare alla festa?
4. Devi finire il compito oggi?

5. Volete comprare questi libri?
6. Dovete alzarvi presto?
7. Possiamo trovare una casa migliore?
8. Devi scrivere ai tuoi amici?

Nel *Libro degli esercizi* vedete n. 15 - 18

Osservate:

Lidia, **va'** in cantina e porta**mi** una bottiglia di vino!

Se vuoi proprio andare a vivere in Italia, **vacci** pure!

Sergio, **da'** una mano a mio padre per favore!

Enrica, **dammi** per piacere un altro bicchiere! Questo qua è rotto!

Lucio, **di'** la verità: dove hai trovato questi soldi?

Se vedi Giorgia, **dille** di chiamarmi!

Angela, fa' presto! Siamo in ritardo!

Fatti sentire! Chiamami a casa quando vuoi!

Sta' zitto! Non fare tanto rumore!

Ho bisogno di te: stammi vicino!

Verbi irregolari all'imperativo diretto

andare	dare	dire	fare	stare
va'	*da'*	*di'*	*fa'*	*sta'*
andiamo	diamo	diciamo	facciamo	stiamo
andate	date	dite	fate	state

Nota: Come abbiamo visto negli esempi di sopra quando un pronome si unisce alle forme va', da', di', fa', sta' la consonante iniziale si raddoppia (falle, dimmi ecc.). Fa eccezione il pronome gli (digli, dagli ecc.).

Nel *Libro degli esercizi* vedete n. 19

26 Dare indicazioni

ⓐ

Leggete i mini dialoghi e indicate a quale cartina corrisponde ognuno

1
◆ Scusate, ragazzi, sapete dov'è la mensa?
◆ Certo; va' sempre dritto per un centinaio di metri e alla terza strada gira a destra e subito a sinistra. Non puoi sbagliare, c'è una lunga fila fuori.
◆ Grazie tante!

ⓑ

2
◆ Luca, sai dirmi dov'è il negozio di Sandra?
◆ Dunque... è abbastanza facile: prendi questa strada e va' dritto; alla seconda strada gira a sinistra e al primo incrocio a destra. All'angolo sulla tua destra troverai il negozio.
◆ Grazie!

ⓒ

3
◆ Carla, sai dov'è la *Libreria Italiana*?
◆ Ascolta: va' sempre dritto; gira a destra in via Meridiana, che è la terza strada che troverai. Poi gira subito a sinistra e ci sei; non è difficile.
◆ Grazie mille!

27

Role-play

▷ *Sei A e ti trovi a Roma per la prima volta; chiedi a B, che è un amico romano, indicazioni per andare:*

    1. da *Piazza della Repubblica* (centro della cartina) a *Piazza del Quirinale* (a sinistra)

    2. dalla *Stazione Termini* (centro) a *San Giovanni in Laterano* (in basso a destra)

    3. dal *Palazzo del Quirinale* (centro a sinistra) a *Trinità dei Monti* (a sinistra in alto)

    4. dalla *Stazione Termini* (centro) al *Colosseo* (centro, in basso)

    5. da *Santa Maria Maggiore* (centro) al *Galoppatoio* (in alto)

▷ *Sei B: Osserva attentamente la cartina e da' ad A le informazioni richieste*

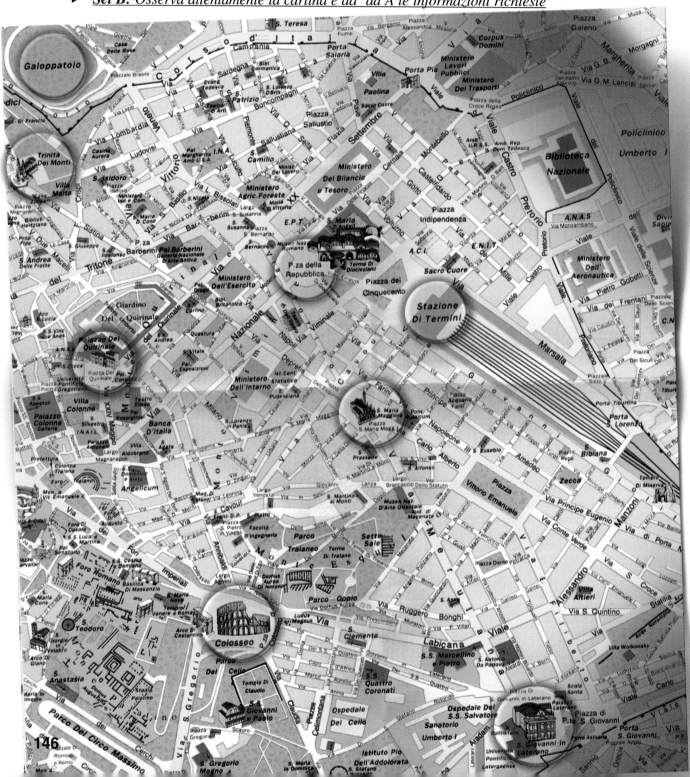

L'imperativo diretto dei verbi ausiliari

	avere		essere	
	affermativo	*negativo*	*affermativo*	*negativo*
tu	**abbi!**	**non avere!**	**sii!**	**non essere!**
noi	**abbiamo!**	**non abbiamo!**	**siamo!**	**non siamo!**
voi	**abbiate**	**non abbiate!**	**siate!**	**non siate!**

Nel *Libro degli esercizi* vedete n. 20

28 Ascolto

Ascoltate il brano e rispondete alle domande (Libro degli esercizi, p. 131)

29 Parliamo

1. Guardi spesso la tv? Che tipo di programmi preferisci? Scambiatevi preferenze.
2. Parla in breve della tua trasmissione preferita: per quali motivi ti piace, qual è il contenuto, il conduttore (se c'è) ecc.
3. Cosa pensi della televisione del tuo paese? Cosa bisogna cambiare, secondo te? Cosa bisogna aggiungere o togliere e perché? Scambiatevi idee.
4. Quanti canali privati e quanti statali ci sono da voi? Che differenze ci sono?
5. Che cosa ci offre la televisione? Parlatene.
6. Ascolti la radio e in quali occasioni? Parla delle stazioni che preferisci spiegando i motivi di queste scelte.
7. Leggi il giornale o no e perché? Scambiatevi opinioni. Preferisci essere informato da un giornale o da un telegiornale? Che differenze ci sono tra i due?
8. Che tipo di articoli leggi di solito? Scambiatevi preferenze.
9. Leggi riviste e di che tipo? Parla in breve di quella che leggi più spesso: a chi si rivolge, quali sono le sue caratteristiche ecc. Scambiatevi idee.
10. Cosa pensi della pubblicità sui mass media (stampa, tv, radio)? Ti dà fastidio? Ha dei lati positivi? Spiega.

30 Scriviamo

Da un po' di tempo ricevi alcuni canali italiani grazie all'antenna parabolica che hai fatto installare allo scopo di migliorare il tuo italiano. Scrivi una lettera ad un amico napoletano nella quale lo informi di questo fatto. Inoltre, fai una breve critica dei programmi italiani a volte simili, ma più spesso diversi da quelli del tuo paese. Chiedi, infine, quali sono le sue trasmissioni preferite e quali sono utili per te *(100-120 p.)*.

Fate il test finale dell'unità

La televisione italiana

La televisione è uno dei passatempi preferiti degli italiani che la guardano in media circa tre ore al giorno. Questo è dovuto anche al fatto che ci sono moltissimi canali, che possiamo dividere in quattro categorie.

I canali statali, ovvero la RAI, nata nel 1954. Statali perché sono sotto l'amministrazione di un consiglio scelto dal governo. Per riceverli gli italiani pagano una tassa di abbonamento e la pubblicità non interrompe, in genere, le trasmissioni, ma è posta all'inizio o alla fine di esse.

I canali privati, nati negli anni '70 e, soprattutto, le 3 reti della Mediaset di Silvio Berlusconi: *Canale 5* (il più seguito insieme a RAI 1), *Italia 1* e *Rete 4*. Qua la pubblicità interrompe spesso i programmi mentre gli sponsor e i loro messaggi non mancano mai da quiz e varietà (lo stesso vale per quelli della RAI). Altri noti canali privati sono *La 7*, *Video Italia* ecc.

I canali locali che, oltre a vecchi film e telefilm, presentano le notizie della loro regione e trasmissioni pubblicitarie.

I canali a pagamento, per gli abbonati che hanno il decodificatore. Le trasmissioni di *Telepiù 1* (solo film), *Telepiù 2* (sport) e *Telepiù 3* (per bambini) non sono interrotte da pubblicità.

Maurizio Costanzo (qua tra gli ospiti di una sua trasmissione) è il re dei talk shows.

Mike Bongiorno è dal 1955 (!) il re dei quiz (*Lascia o raddoppia*, *La ruota della fortuna* ecc.).

Alba Parietti e **Fabrizio Frizzi** sono tra i conduttori di grande successo degli ultimi anni.

Pippo Baudo (a sinistra) e **Raffaella Carrà**, da anni tra i più famosi conduttori, e **Silvio Berlusconi**.

	vero	falso
1. La RAI è sotto il controllo indiretto dello Stato.		
2. La tv statale e quella privata hanno la stessa età.		
3. Per ricevere i canali locali bisogna avere il decodificatore.		
4. Mike Bongiorno non conduce talk shows.		

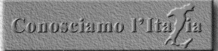

La stampa in Italia

Gli italiani non leggono molto il giornale (115 lettori per ogni mille abitanti) rispetto agli altri europei, forse perché lo possono comprare solo in edicola (e non in libreria o ai supermercati come altrove), mentre pochissimi (7%) fanno l'abbonamento. Malgrado ciò ci sono più di 60 testate, alcune a diffusione nazionale e molte a carattere regionale.

Corriere della Sera e **La Repubblica** sono i quotidiani d'opinione più venduti, con una media di 700.000 copie al giorno ognuno. Il primo è tra i più vecchi quotidiani italiani, fondato a Milano nel 1876. Il secondo è di un secolo più giovane, fondato a Roma nel 1976 da un gruppo di giornalisti del settimanale *L'Espresso*, ed ha uno stile più intellettuale. **La Stampa**, di proprietà della famiglia Agnelli (FIAT), ha sede a Torino; **La Nazione** a Firenze.

Il Resto del Carlino di Bologna, **Il Messaggero** di Roma, **Il Mattino** di Napoli, **Il Giorno** e **il Giornale** di Milano dedicano parecchie pagine alle notizie locali. Alcuni quotidiani sono organi ufficiali di partiti politici; l'unico a diffusione nazionale è **L'Unità** (di sinistra).

Un fenomeno italiano sono i giornali sportivi: **La Gazzetta dello Sport** (il quotidiano più venduto!), **Il Corriere dello sport-Stadio** e **Tutto Sport**.

Molti giornali presentano inserti su vari argomenti (cultura, economia ecc.), quasi tutti sono in bianco e nero e parecchi esistono anche in forma elettronica su Internet.

l'**occhiello**: introduce l'argomento dell'articolo ——
il **titolo**: annuncia il fatto commentato ——
il **sommario**: riassume l'argomento trattato ——

1. Gli italiani
☐ a. possono comprare il giornale dappertutto
☐ b. non amano molto il giornale
☐ c. possono scegliere tra 115 testate diverse

2. *Corriere* e *la Repubblica*
☐ a. sono di Milano
☐ b. hanno la stessa età
☐ c. sono i giornali più letti

3. *Il Messaggero*
☐ a. dà molta importanza alla cronaca locale
☐ b. è il quotidiano più venduto
☐ c. è organo ufficiale di un partito

Un concerto

Ascoltate il dialogo tra Angela e Simone una prima volta senza vedere il testo scritto.

1 *Riascoltate il brano e rispondete alle domande che seguono*

	vero	falso

1. Simone ha trovato i biglietti poiché conosce uno dei cantanti.
2. Alla notizia dei biglietti Angela non sembra molto entusiasta.
3. I biglietti sono un regalo dell'amico di Simone.
4. Angela preferirebbe andare al concerto senza Simone.

Una canzone contro l'AIDS
Il Concerto delle stelle

Lucio Dalla
Eros Ramazzotti
Laura Pausini
Claudio Baglioni
Raf
Zucchero
Vasco Rossi
Ligabue
Jovanotti
Mango
Luca Carboni
Gigi D'Alessio

domenica
12 maggio
ore 19:00
Stadio Olimpico
Roma

• Piaggio
• Emporio Armani
• Luxottica
• Campari
• 105
• MAX
• TIM

Simone:	Senti, Angela, ti piacerebbe andare al concerto di domenica prossima?
Angela:	Al "Concerto delle stelle"?! Mi stai prendendo in giro?
Simone:	No, dico sul serio; ci vorresti essere?
Angela:	Certo che ci vorrei essere! Non mi dire che hai trovato i biglietti!
Simone:	Quasi!
Angela:	Come sarebbe a dire quasi? Ce li hai o non ce li hai? Perché sapevo che erano esauriti.
Simone:	Allora, ti spiego: un mio amico che è uno dei tecnici del concerto mi ha promesso due biglietti. Va be', il prezzo è un po' alto, ma ne vale la pena. Dovrebbero essere per le prime file.
Angela:	Perfetto! Senti, potremmo trovarne uno anche per Silvia? Va matta per Vasco Rossi ma, purtroppo, non è riuscita a trovare un biglietto.
Simone:	No, questo sarebbe troppo! Non gli posso chiedere un terzo biglietto. Anche se è un amico, mi manderebbe a quel paese! E avrebbe pure ragione!
Angela:	Puoi sempre provare, no? Tanto, mi sentirei male e non potrei venire al concerto senza la mia amica del cuore.
Simone:	E che ci posso fare, amore? Non dipende mica da me.
Angela:	Io, invece, penso che tu e il tuo amico potreste fare qualcosa.
Simone:	Cioè cosa? Se non ci sono più biglietti?
Angela:	Che ne so? ...Potresti fare un regalo a qualcuno, per esempio.
Simone:	Ma che dici?! Allora, guarda: pagherò già un sacco di soldi per due biglietti e un terzo non lo posso comprare.
Angela:	Hai ragione, tesoro. ...Senti, ti darebbe fastidio non venire al concerto?!!

2   *Leggete e pronunciate*

Uno di voi è Angela e un altro Simone. Leggete ad alta voce il dialogo, cercando di imitare, quanto possibile, la pronuncia e l'intonazione delle persone ascoltate. Insomma, dovete "recitare" leggendo. Poi verificate le vostre risposte all'esercizio 1.

3   *Rispondete oralmente alle domande*

1. Perché Angela sembra sorpresa all'inizio?
2. Dove ha trovato i biglietti Simone?
3. Perché Simone reagisce male quando Angela gli chiede un terzo biglietto?
4. Che soluzioni propone Angela?

4   *Il giorno dopo Angela parla con Silvia. Completate il dialogo inserendo i verbi della lista a destra*

Angela: Silvia, tu .... andare al concerto delle stelle, vero?	*potrebbe*
Silvia: Lo sai benissimo che ci .... andare; sarebbe un sogno. Perché?	
Angela: Simone ha trovato due biglietti grazie ad un suo amico tecnico.	*piacerebbe*
Silvia: Davvero? E non .... trovarne ancora uno? Mi .... molto esserci.	*divertiremmo*
Angela: Purtroppo questo è un po' difficile. Ad essere sincera ho già litigato con Simone perché .... andare al concerto senza lui.	*vorresti*
Silvia: Perché?	*farebbe*
Angela: Eh, sai com'è Simone: troppo serio. Credo che non ci .... tanto insieme. Mi .... più piacere andarci con te.	*vorrei*
Silvia: Forse .... andarci tutti e tre.	
Angela: Ormai trovare un altro biglietto è quasi impossibile. E purtroppo lui insiste.	*preferirei*
Silvia: E ha ragione. Dai, andateci voi due!	*potremmo*
Angela: Non so; forse farò un altro tentativo per convincerlo...	

5   *In base a tutto quello che avete letto scrivete un breve riassunto (30-40 p.) del dialogo introduttivo tra Angela e Simone*

Il condizionale semplice (presente)

	parlare	leggere	preferire
io	parlerei	leggerei	preferirei
tu	parleresti	leggeresti	preferiresti
lui, lei, Lei	parlerebbe	leggerebbe	preferirebbe
noi	parleremmo	leggeremmo	preferiremmo
voi	parlereste	leggereste	preferireste
loro	parlerebbero	leggerebbero	preferirebbero

6 _Oralmente costruite frasi usando il condizionale_

1. Al posto tuo _(io-accettare)_ volentieri una proposta del genere.
2. Secondo me, _(tu-fare)_ bene a non parlargli più.
3. Abbiamo una fame da lupi: _(mangiare)_ un cavallo intero!
4. Signorina, _(uscire)_ con me qualche sera?
5. Voi chi altro _(invitare)_ alla festa?
6. I miei figli _(capire)_ tutto anche se il film è inglese.

Osservate:

I verbi che presentano irregolarità o particolarità nel futuro le presentano anche nel condizionale

infinito	futuro	condizionale	infinito	futuro	condizionale
essere	sarò	**sarei**	bere	berrò	**berrei**
avere	avrò	**avrei**	porre	porrò	**porrei**
dare	darò	**darei**	rimanere	rimarrò	**rimarrei**
fare	farò	**farei**	tenere	terrò	**terrei**
stare	starò	**starei**	tradurre	tradurrò	**tradurrei**
dovere	dovrò	**dovrei**	venire	verrò	**verrei**
potere	potrò	**potrei**	volere	vorrò	**vorrei**
sapere	saprò	**saprei**	cercare	cercherò	**cercherei**
andare	andrò	**andrei**	pagare	pagherò	**pagherei**
vedere	vedrò	**vedrei**	cominciare	comincerò	**comincerei**
vivere	vivrò	**vivrei**	mangiare	mangerò	**mangerei**

7 *Osservando la tabella costruite frasi orali*

1. Pina *(dovere)* arrivare verso le sette.
2. Marco e Dora *(potere)* venire direttamente al ristorante.
3. *(tu-andare)* a vivere per sempre in Italia?
4. Ad essere sinceri *(volere)* andare anche noi al concerto.
5. Io *(bere)* volentieri un altro bicchiere di vino.
6. Ragazzi, *(sapere)* dirmi come si va al Palazzo del Podestà?
7. Voi come *(tradurre)* la parola "proprio"?
8. Giulio *(rimanere)* per una settimana in Sardegna; gli piace molto.

Nel *Libro degli esercizi* vedete n. 1 - 4

8 **Esprimere un desiderio** (realizzabile)

Leggete il dialogo e rispondete alle domande

Gianni: Il tempo oggi è bellissimo; che si fa?

Lisa: Io avrei voglia di fare un giro in centro, dare un'occhiata alle vetrine ecc. È da un po' che non faccio spese.

Marta: Io preferirei fare una gita. Vorrei andare a Todi. Non ci sono mai stata.

Debora: A me piacerebbe andare al mare. Con il caldo che fa non sarebbe male bagnarsi i piedi. Che ne dite?

Gianni: Io veramente resterei in città. Con questo tempo tutti saranno sull'autostrada. Potremmo andare a mangiare in qualche bel posto.

1. Chi dei ragazzi vorrebbe andare al mare? Perché?
2. Chi preferirebbe visitare Todi? Per quale motivo?
3. Chi avrebbe voglia di fare un giro per i negozi? Come mai?
4. Chi non lascerebbe la città a causa del traffico? Cos'altro propone?

Esprimere un desiderio (realizzabile)

vorrei andare fuori...
mi piacerebbe rimanere...
preferirei uscire...
andrei (volentieri) a...
avrei voglia di visitare...
sarebbe bello organizzare...

9 _Dividetevi in coppie e fate brevi dialoghi esprimendo ognuno i propri desideri nelle situazioni presentate:_

1. C'è un gran concerto in una città vicino alla vostra.
2. Avete molta fame.
3. In città fa un caldo tremendo.
4. Presto cominciano le vacanze estive.
5. Fra qualche giorno è il tuo compleanno.
6. Dovete andare a lezione, ma siete troppo stanchi.

> Nel _Libro degli esercizi_ vedete n. 5 e 6

10 **Chiedere qualcosa in modo gentile**

> Senti, potresti chiudere la porta, per favore?

> Mi presteresti per un attimo la tua biro?

> Potreste venirci a prendere verso le dieci e mezzo?

> Professore, Le dispiacerebbe parlare più piano?

11 _Oralmente e in modo gentile fate domande secondo le situazioni che seguono:_

1. Ti sei perso e chiedi ad un passante di indicarti la strada.
2. In un ristorante il cliente del tavolo accanto fuma mentre tu stai mangiando.
3. Sei alla stazione e la persona accanto a te parla ad alta voce.
4. Sei in autobus e, poiché c'è troppa gente, non riesci a premere il bottone per prenotare la fermata; chiedi, quindi, ad una persona che si trova più vicino.
5. Sei al supermercato ed i sacchetti che porti sono troppo pesanti; chiedi aiuto ad un amico che è con te.
6. Sei in un'osteria ed hai bevuto un po' troppo; chiedi ad uno dei tuoi amici di guidare la tua macchina.

> **Chiedere qualcosa gentilmente**
>
> _Potresti...?_
> _Potrebbe..., per piacere?_
> _Mi daresti...?_
> _Ti / Le dispiacerebbe...?_

> Nel _Libro degli esercizi_ vedete n. 7

12 Dare consigli

Leggete il dialogo e rispondete alle domande

Vera: Laura, ti vedo un po' giù. Che c'è, sei stanca?

Laura: No, ...è che fra un mese sarà estate e forse dovrei perdere qualche chilo.

Vera: Secondo me, sei bella così. Ma se proprio vuoi dimagrire, perché non cominci una dieta?

Laura: Io sto sempre a dieta; sono i risultati che non arrivano. E poi tanta fame per perdere un chilo alla settimana.

Vera: Io al posto tuo mi iscriverei ad una palestra. Con un po' di aerobica vedrai che i risultati saranno molto più rapidi.

Laura: Purtroppo non posso. Da quando sono caduta sciando, il ginocchio mi fa male.

Vera: Forse dovresti andare da un ortopedico. Oppure potresti fare nuoto, così non avrai problemi col ginocchio.

Laura: Non ci avevo pensato. Intanto, tu avresti qualche dieta da suggerirmi?

Vera: Secondo me, faresti bene ad andare da un dietologo. Ti aiuterebbe senz'altro.

Laura: Mah, non so... ci penso.

	vero	falso
1. Secondo Vera, Laura dovrebbe perdere molti chili.		
2. Laura sta già a dieta.		
3. Non va in palestra perché si annoia.		
4. Laura non trova interessante l'idea del nuoto.		
5. Alla fine Vera le consiglia di rivolgersi ad un dietologo.		

13 *Divisi in coppie datevi dei consigli (più di uno) nelle situazioni che seguono. Uno di voi:*

Role-play

1. vuole cambiare casa
2. vuole cambiare lavoro
3. ha litigato con la sua fidanzata (o il fidanzato)
4. non sa quale facoltà universitaria scegliere
5. anche se giovane pensa di sposarsi
6. non sa quale macchina comprare
7. non sa cosa regalare a due amici che si sposano
8. si rende conto di aver perso il portafoglio

> **Dare consigli**
>
> *Perché non...?*
> *Dovresti...*
> *Potresti...*
> *Io, al posto tuo... andrei...*
> *Faresti bene a...*
> *Un'idea sarebbe (quella di)...*

Nel *Libro degli esercizi* vedete n. 8

14   Altri usi del condizionale semplice

Esprimere un'opinione propria / fare una stima

Alice **dovrebbe** arrivare in orario.

L'intervallo non **dovrebbe** durare più di un quarto d'ora.

Questo orologio **dovrebbe** costare un bel po'.

Esprimere un'opinione o una stima di altri / una notizia non confermata

Secondo i testimoni, l'assassino **sarebbe** un uomo sui trent'anni.

(Secondo alcuni amici), il film **sarebbe** da vedere.

Lo sciopero **continuerebbe** anche la settimana prossima.

15   *Completate le frasi con i verbi dati*

> si incontrerebbero, dovrebbero essere, coinvolgerebbe, dovrebbe cominciare, dovrebbe avere, tornerebbe

1. Mario e Chiara .... già in montagna.
2. Secondo *L'Espresso*, lo scandalo .... anche due ministri.
3. Il Presidente della Repubblica .... entro stasera.
4. I due leader .... senza la presenza dei giornalisti.
5. Orlando .... già la patente.
6. Il film .... fra poco.

Nel *Libro degli esercizi* vedete n. 9

16   *Completando le frasi che seguono imparerete alcune cose sulla musica italiana*

1. Antonello Venditti è un famoso ...., nato a Roma nel 1943.
2. Quest'estate Claudio Baglioni farà una .... per l'Italia.
3. Eros Ramazzotti compone ormai anche i .... delle sue canzoni.
4. Nei suoi concerti Riccardo Cocciante .... spesso il pianoforte.
5. Ornella Vanoni è una delle .... italiane più note nel mondo.
6. "Ricchi e poveri" è il nome di un .... italiano di successo.
7. Cantando "Volare", Domenico Modugno ha vinto il .... di San Remo nel 1958.
8. Umberto Tozzi è .... di due canzoni famose: "Ti amo" e "Gloria".
9. Lucio Dalla è .... della bellissima canzone "Caruso", interpretata anche da Luciano Pavarotti.
10. Al Bano era già famosissimo quando negli anni '70 ha formato un .... di grande successo con Romina Power, sua ex moglie.

> *l'autore*
> *gruppo*
> *festival*
> *versi*
> *suona*
> *l'interprete*
> *tournée*
> *duetto*
> *voci*
> *cantautore*

17 _Ricordate il dialogo tra Angela e Simone all'inizio dell'unità? Adesso leggete quello tra Simone e un suo amico, Dario, e segnate quali delle affermazioni che seguono sono esatte_

Dario: Alla fine sei riuscito ad andare al concerto di ieri o no?

Simone: Io ci sarei andato, ma...

Dario: Cos'è successo?

Simone: Allora, ti spiego: ho trovato due biglietti; ci saremmo andati Angela ed io. A lei, però, non andava di venire senza la sua amica.

Dario: Cioè ha detto che non sarebbe venuta al concerto con te?

Simone: No, peggio ancora: mi ha detto che avrebbe portato Silvia!

Dario: E l'ha fatto?

Simone: Non so; ha detto che ci sarebbero andate insieme. Poi non ci siamo più sentiti.

Dario: E adesso che fai? Non vuoi risolvere questa situazione? Rompere per un concerto mi sembra esagerato.

Simone: Io avrei voluto chiamarla perché l'amo. Ma, d'altra parte, mi sento anche offeso.

Dario: Forse hai ragione. Ma spiegami una cosa: perché i biglietti non li hai tenuti tu?

Simone: Io, sinceramente, li avrei tenuti e avrei invitato te. Ma quando Angela mi ha annunciato che avrebbe preferito andare al concerto con Silvia, per la rabbia, li ho dimenticati a casa sua!

1. Simone è andato al concerto. ❏
2. È riuscito a trovare un terzo biglietto. ❏
3. Angela ha detto che sarebbe andata al concerto insieme a Silvia. ❏
4. Simone l'avrebbe chiamata, ma è un po' egoista. ❏
5. Sarebbe andato al concerto insieme a Dario. ❏
6. Alla fine ha deciso di regalare i biglietti ad Angela. ❏

Il condizionale composto (passato)

avrei				sarei		
avresti				saresti	uscito/a	
avrebbe	visto	il film		sarebbe		ma ho/abbiamo
avremmo		ma ero stanco		saremmo		cambiato idea
avreste				sareste	usciti/e	
avrebbero				sarebbero		

18 *Fate frasi orali secondo l'esempio*

> Perché non hai mangiato l'insalata? *(non avevo fame)*
> *L'avrei mangiata, ma non avevo fame.*

1. Come mai non hai invitato Paola? *(non l'ho vista)*
2. Perché non siete andati allo stadio? *(non avevamo il biglietto)*
3. Perché Gino non ha bevuto nemmeno un bicchiere? *(ha mal di stomaco)*
4. Come mai non ci vediamo stasera? *(non ho tempo)*
5. Perché Carla non ha accettato il nostro invito? *(è impegnata)*
6. Stefania, perché non ti sei svegliata alle sette? *(non è suonata la sveglia)*
7. Come mai non avete superato l'esame? *(siamo stati sfortunati)*
8. Perché non sei arrivato prima? *(c'era troppo traffico)*

> Nel *Libro degli esercizi* vedete n. 10

19 **Esprimere un desiderio non realizzato nel passato**

> Ieri sera sarei uscita con voi, ma poi mi sono sentita male.

> Avrei voluto bere un altro caffè, ma ero già in ritardo.

> L'avrebbe sposata appena laureato.

> Mi sarei alzato presto per prendere l'aereo.

20 *Composto o semplice? Osservando quanto detto sopra completate oralmente le frasi*

1. *(Io-andare)* al mare, ma il cielo era nuvoloso.
2. *(Io-andare)* al mare oggi; fa troppo caldo.
3. *(Noi-mangiare)* volentieri un altro pezzo di tiramisù.
4. *(Noi-mangiare)* un terzo pezzo, ma era già finito.
5. *(Tu-confessare)* il tuo amore a Giulia?
6. *(Tu-confessare)* il tuo amore a Giulia due anni fa?
7. *(Voi-venire)* con noi a teatro?
8. *(Voi-venire)* con noi a teatro la settimana scorsa?

21 Esprimere un desiderio non realizzabile nel futuro

Domani avrei finito tutto, ma è più difficile di quanto pensavo.

Vi avrei offerto un altro caffè, ma è appena finito.

Saremmo andati volentieri al cinema con loro, ma siamo un po' stanchi.

Antonio è senza soldi, altrimenti ti avrebbe prestato la somma che ti serve.

Come vedete in queste frasi il condizionale composto si usa anche per un desiderio futuro quando sappiamo già che non può essere realizzato.
Se non sappiamo il risultato, usiamo di solito il condizionale semplice.

22 *Semplice o composto? Completate oralmente le frasi secondo il loro significato*

1. Fra tre settimane *(io-partire)* per gli Stati Uniti, ma dovrò dare degli esami.
2. In estate *(io-andare)* in vacanza in Sardegna: è un'isola bellissima.
3. Vi *(loro-invitare)* al loro matrimonio; gli siete molto simpatici!
4. Vi *(loro-invitare)* anche alla cena, ma ci sarà troppa gente.
5. Mia nonna farà un'operazione, altrimenti noi *(sposarsi)* il mese prossimo.
6. Noi *(sposarsi)* anche domani!
7. Marcello ti *(chiamare)* stasera per invitarti, ma è un po' timido.
8. Marcello ti *(chiamare)* anche subito.

Nel *Libro degli esercizi* vedete n. 11 - 15

23 *Esprimete i vostri desideri nelle situazioni che seguono. Dovreste usare il condizionale semplice oppure il composto*

1. I tuoi amici partono per un fine settimana al mare. Tu, però, hai da fare.
2. Qualche giorno fa c'è stata un'importante fiera di libri in una città vicina.
3. Il tuo insegnante vi ha parlato di una vacanza studio per l'estate prossima.
4. Guardando le vetrine vedi uno stereo di alta tecnologia e di altissimo prezzo.
5. Alcuni amici ti invitano a cena. Il problema è che stai a dieta.
6. L'ultimo disco di uno dei tuoi cantanti preferiti dovrebbe uscire la settimana prossima.
7. Una settimana fa alla tv c'era un film italiano che volevi vedere.
8. L'anno prossimo hai la possibilità di seguire un corso post laurea negli Stati Uniti. Il costo della vita, però, è troppo alto.

24 Esprimere il futuro nel passato

Leggete il dialogo e rispondete alle domande

Antonella: Dove sei stato ieri? Perché non sei passato da casa?

Primo: Ti avevo detto che probabilmente sarei passato, ma ho fatto tardi.

Antonella: Speravo almeno che avresti telefonato.

Primo: Non l'ho fatto perché credevo che a quell'ora saresti già uscita.

Antonella: Non sono uscita perché non sapevo se ci saremmo visti o no.

Primo: Ero, comunque, sicuro che ieri saresti andata alla festa di Elena.

Antonella: Non immaginavo che avresti tardato tanto; altrimenti ci sarei andata.

1. Perché Primo non è passato da Antonella? Cosa le aveva detto?
2. Perché non l'ha chiamata?
3. Antonella è andata alla festa o no e perché?

1 OGGI (FUTURO)		2 IERI (PASSATO)
Sergio **dice** che **passerà**.	⇨	Sergio **ha detto** che **sarebbe passato**.
Spero che mi **chiamerai**.	⇨	**Speravo** che mi **avresti chiamato**.
Sono sicuro che ci **andrai**.	⇨	**Ero sicuro** che ci **saresti andato**.

25 *Trasformate le frasi secondo il modello*

> Sai cosa farai? ⇨ *Sapevi cosa avresti fatto?*

1. Spero che alla festa vedrò tutti i vecchi amici.
2. Paolo promette che verrà a parlare con mio padre.
3. Siamo certi che le vacanze saranno bellissime.
4. Crede che non pagherà la multa grazie alle sue conoscenze.
5. Sei sicura che riuscirai a fare tutto da sola?
6. Sai a che ora finirà il film?
7. Sperano che l'esame finale sarà facile.
8. Io non so ancora cosa farò da grande.

> Nel *Libro degli esercizi* vedete n. 16 - 19

26 Vocabolario   *Una delle parole di ogni gruppo è estranea; sottolineatela*

1. giradischi	radioregistratore	album	mangianastri
2. banda	discoteca	gruppo	complesso
3. bassista	batteria	chitarra	tastiera
4. microfono	cassa acustica	cuffie	stazione radio
5. cinema	piano bar	locale	discoteca

27 Condizionale semplice e composto: differenze

Condizionale semplice	Condizionale composto
Esprimere un desiderio realizzabile: *Mangerei volentieri un altro po'.*	**Esprimere un desiderio non realizzato:** *Avrei offerto da bere a tutti.*
Chiedere gentilmente: *Mi presteresti il tuo libro?*	**Esprimere un desiderio non realizzabile:** *Avrei comprato il regalo, ma è troppo caro.*
Esprimere opinione / stima / notizia: *Non dovrebbe fare tardi.*	**Azione che dipende da un'altra passata:** *Ha detto che sarebbe venuto.*
Dare consigli (per azioni future): *Dovresti spendere di meno!*	**Dare consigli (per azioni passate):** *Avresti dovuto spendere di meno!*

Nel *Libro degli esercizi* vedete n. 20 - 22

28 Ascolto

Ascoltate il brano e rispondete alle domande (Libro degli esercizi, p. 145)

29 Parliamo

1. Quali generi musicali ti piacciono? Quali sono i tuoi cantanti preferiti? Fate una piccola indagine per vedere le preferenze musicali dell'intera classe.
2. Quando e in quali occasioni ascolti musica?
3. Quanto importante consideri la musica? Potresti farne a meno? Che cosa ti "dà"?
4. Sei mai stato ad un concerto? Racconta in breve l'esperienza: chi erano gli artisti, dove si è tenuto, le tue impressioni.
5. Quanto è diffusa la musica italiana nel vostro paese? Quali sono gli artisti più noti? Conoscete canzoni italiane moderne o del passato? Scambiatevi informazioni.

30 Situazione

Role-play

A e *B* vogliono fare un regalo ad un amico comune. Poiché sanno che ama molto la cultura italiana in genere, sono indecisi tra una raccolta di note canzoni italiane degli anni '60 (che propone *A*) e l'ultimo cd di un cantante contemporaneo (che propone *B*), anche se non è sicuro che gli piacerà. Immaginate il dialogo e concludete scegliendo il regalo.

31 Scriviamo

Scrivi una lettera ad un amico italiano che s'interessa della musica del tuo paese e presentagli il cantante o il gruppo musicale che ti piace di più. Inoltre, traduci in italiano qualche verso caratteristico *(100-120 p.)*.

Fate il test finale dell'unità

La musica italiana moderna

Non a caso la musica lirica (di Verdi, Rossini e Puccini) è nata in Italia e la canzone napoletana (come 'O sole mio) è famosa in tutto il mondo. Gli italiani amano molto sia ascoltare la musica che cantare. Oggi la musica italiana leggera piace sempre di più a livello internazionale (la più ascoltata dopo quella americana e inglese) e fa parte della cultura del Belpaese.

I cantautori

I cantautori, quegli artisti cioè che, oltre a cantare, sono gli autori della musica e del testo delle loro canzoni, costituiscono una particolarità della musica italiana. I loro versi, di solito vere poesie, parlano d'amore, ma anche della società moderna e dei suoi problemi: solitudine, rapporti impersonali ecc.; sono tristi o allegri, pessimisti oppure ottimisti, ma mai banali. Ecco perché i cantautori piacciono al pubblico di ogni età.

Lucio Dalla è probabilmente, già dagli anni '70, il cantautore più amato dagli italiani. Le sue canzoni parlano delle paure e delle speranze dell'uomo di oggi. Nel bellissimo *L'anno che verrà* inventa buone notizie da scrivere al suo amico ("...sarà tre volte Natale / ci sarà da mangiare e luce tutto l'anno / anche i muti potranno parlare..."), mentre nel malinconico *Caruso* parla del leggendario tenore che sta per morire. Altre note canzoni di Dalla sono *Piazza grande*, *4.3.43*, *Canzone* ecc.

Amatissimo, soprattutto dai giovani, è il provocatorio e dolce **Vasco Rossi**. In *Vita spericolata*, inno della musica rock (e non solo) italiana, dice: "...voglio una vita maleducata / che se ne frega di tutto / una vita esagerata / che non è tardi mai...".

Molto apprezzato e riconosciuto ormai a livello mondiale è **Zucchero Fornaciari**, dalla voce particolare e influenzato dai blue's neri (*Senza una donna*, *Niente da perdere*, *Donne* ecc.).

Eros Ramazzotti, diventato famoso in Italia dopo aver vinto al Festival di Sanremo con *Adesso tu*, canta dei problemi dei giovani e dell'amore. Con canzoni come *Se bastasse una canzone*, *Cose della vita* e *Più bella cosa* ha conquistato le classifiche di tutto il mondo, con molti milioni di dischi venduti.

Jovanotti (di nome Lorenzo) è il re della musica rap italiana ed europea. Ha cominciato come dj per diventare poi cantautore di grande successo. Le sue canzoni, molto spesso da ballo, parlano d'amore e di problemi sociali (razzismo, droga ecc.) usando il linguaggio dei ragazzi che lo adorano.

In *Penso positivo* dice: "...Io penso positivo perché son vivo / niente e nessuno al mondo potrà fermarmi dal ragionare...", mentre in *Io no*: "...c'è qualcuno che in una pillola cerca quello che non riesce a trovare...". Nei suoi ultimi dischi sono evidenti le influenze dalla musica africana. Altre canzoni note sono *L'ombelico del mondo*, *Serenata rap*, *Non m'annoio* ecc.

Laura Pausini è diventata famosa con la bellissima e malinconica *La solitudine* e i suoi dischi vendono milioni di copie in tutto il mondo.

Altri cantautori e cantanti apprezzatissimi anche all'estero sono **Mango** (*Monna Lisa*, *Bella d'estate*), **Andrea Bocelli**, il tenore cieco (*Con te partirò*, *Romanza*), **Luca Carboni** (*Mare mare*, *Farfallina*), **Amedeo Minghi** e gli ormai classici **Riccardo Cocciante** (*Se stiamo insieme*, *Amore amore*), **Claudio Baglioni** (*Questo piccolo grande amore*), **Lucio Battisti** (*Anna*, *E penso a te*), **Antonello Venditti** (*Sara*, *Roma Capoccia*) e tanti altri.

Gianna Nannini, **Luciano Ligabue** (nelle foto a sinistra e a destra) e i **Litfiba**, infine, sono i rappresentanti della nuova ondata di musica rock.

1. I cantautori
- ☐ a. scrivono sempre versi tristi
- ☐ b. sono anche musicisti
- ☐ c. non piacciono tanto ai giovani

2. Molto ottimistici sono i versi di
- ☐ a. Lucio Dalla
- ☐ b. Vasco Rossi
- ☐ c. Laura Pausini

3. Cantano dei problemi giovanili
- ☐ a. Zucchero e Pausini
- ☐ b. Luca Carboni e Mango
- ☐ c. Jovanotti ed Eros Ramazzotti

4. Si occupa soprattutto di amore
- ☐ a. Riccardo Cocciante
- ☐ b. Ligabue
- ☐ c. Vasco Rossi

INDICE GENERALE

INDICE GENERALE

Unità - situazione	elementi comunicativi e lessicali	elementi grammaticali	elementi culturali
6 *Problemi di cuore* p.79	- Parlare di proprietà - Parlare della propria famiglia - Ordinare al ristorante - Esprimere preferenza - Pasti e piatti	- Aggettivi e pronomi possessivi - Quello/bello - Volerci/metterci	- Gli italiani a tavola - Storia della pasta e della pizza - Due ricette italiane
7 *Un film* p.92	- Raccontare e descrivere - Ricordare - Esprimere accordo / disaccordo	- Imperfetto - Uso dell'imperfetto e del passato prossimo - Trapassato prossimo	- Il cinema italiano di ieri e di oggi
8 *Al supermercato* p.105	- Esprimere gioia - Esprimere rammarico, disappunto - Offrire collaborazione, aiuto - Accettare, rifiutare l'aiuto o la collaborazione - Al supermercato, in un negozio di alimentari - Parlare di quantità	- Pronomi diretti - Pronome partitivo ne - Ce l'ho, ce n'è	- Fare la spesa - Prodotti italiani
9 *Un incontro* p.118	- Fare spese - Chiedere ed esprimere parere - Parlare di abbigliamento: capi, taglia/numero, colore, stile - Informarsi sul prezzo	- Verbi riflessivi - La forma impersonale - Espressioni impersonali	- La moda italiana
10 *Preferenze televisive* p.132	- Chiedere qualcosa in prestito - Esprimere parere - Esprimere dispiacere - Chiedere un favore - Esprimere un desiderio - Parlare di programmi televisivi - Dare indicazioni	- Pronomi indiretti - Imperativo diretto	- La televisione italiana - La stampa in Italia
11 *Un concerto* p.150	- Esprimere un desiderio - Chiedere qualcosa in modo gentile - Dare consigli - Esprimere un'opinione propria e altrui - Fare una stima - Esprimere il futuro nel passato	- Condizionale semplice e composto	- La musica italiana

La Prova Orale 1

**Materiale autentico per la conversazione
e la preparazione agli esami orali**
Livello elementare - pre-intermedio

La Prova Orale 1 costituisce il primo volume di un moderno manuale di conversazione che mira a fornire quelle opportunità e quegli spunti necessari ad esprimersi in modo spontaneo e corretto, e, nello stesso tempo, a preparare gli studenti ad affrontare con successo la prova orale delle certificazioni delle Università di Perugia (CELI 1 e 2), Siena (CILS 1 e 2), PLIDA (A e B) o altri diplomi.

Il libro è composto da 35 unità tematiche che coprono una vasta gamma di argomenti. Ogni unità tematica comprende: fotografie - stimolo, numerose domande, il lessico utile, attività comunicative e un role-play. La discussione si rinnova continuamente, grazie al materiale presentato, cercando di mantenere sempre vivi l'interesse degli studenti e il ritmo della lezione. Il libro viene completato da un glossario e due brevi test.

La Prova Orale 1 **può integrarsi con** *Progetto italiano 1*, oppure essere utilizzato separatamente. Si può adottare in classi di principianti o falsi principianti e usare fino ad un livello pre-intermedio; inoltre, il libro è stato disegnato in modo da poter essere inserito in curricoli didattici diversi.

Vocabolario Visuale

Il VOCABOLARIO VISUALE è uno strumento valido per chi vuole imparare il lessico di base della lingua italiana. Attraverso illustrazioni molto moderne presenta in modo vivace e piacevole *oltre 1.000 parole di uso quotidiano*: sostantivi, verbi, aggettivi e preposizioni.

Grazie alla sua impostazione semplice e chiara - 40 unità tematiche di una o due pagine ognuna - e alla sua grafica originale e accattivante (combinazione di foto e illustrazioni tridimensionali) può essere utilizzato sia in classe che a casa (individualmente) da alunni e studenti di *ogni età*.

Il VOCABOLARIO VISUALE può essere usato in modo autonomo, oppure insieme con il cd audio o la audiocassetta, che facilitano l'apprendimento della pronuncia. Può, inoltre, essere accompagnato dal QUADERNO DEGLI ESERCIZI, che contiene un'ampia scelta di attività finalizzate alla memorizzazione delle parole e può, a sua volta, essere usato in classe o individualmente. È corredato dal libro del professore.

Il *Vocabolario Visuale* **e il** *Quaderno degli esercizi* **possono accompagnare** *Progetto italiano 1.*

Primo Ascolto

Materiale per lo sviluppo dell'abilità di ascolto e la preparazione alla prova di comprensione orale
Livello elementare

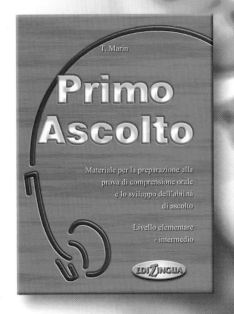

Primo ascolto mira, contemporaneamente, a sviluppare l'abilità di ascolto dello studente e a prepararlo alla prova di comprensione orale di vari esami di lingua: CELI 1 e 2, CILS 1, PLIDA A e B e altri simili. I dialoghi vivi, e spesso divertenti, un ampio utilizzo di materiale fotografico e un'impostazione grafica moderna rendono l'apprendimento piacevole e stimolante e fanno sì che il libro sia adatto a studenti di varie fasce di età.

È composto da 40 testi di cui gli ultimi 10 autentici. Ogni testo è corredato da due attività, una preparatoria e una che ricalca la tipologia dei suddetti esami. I testi coprono una grande varietà di argomenti e situazioni adatte a questo livello linguistico, nonché di atti comunicativi altrettanto utili.

Primo Ascolto si rivolge a studenti principianti o falsi principianti e può essere usato fino ad un livello intermedio. **Può integrarsi con _Progetto italiano 1_, in quanto tratta molti degli argomenti e delle funzioni comunicative in esso presenti**, oppure essere utilizzato separatamente. È accompagnato da un'audiocassetta o da un cd audio e dal libro del professore, con le chiavi degli esercizi e la trascrizione dei testi.

Video italiano 1

Videocorso italiano per stranieri
Livelli elementare, medio, superiore

Video Italiano è un videocorso per l'insegnamento della lingua italiana attraverso trasmissioni televisive. Si rivolge a studenti adolescenti e adulti.

Ogni livello è composto da:
1. Quaderno dello studente con brevi attività concentrate sia sull'audio che sull'immagine.
2. Libro del professore con un'impaginazione simile al quaderno dello studente; contiene la guida, la trascrizione dei testi e le chiavi degli esercizi.
3. Una videocassetta con filmati televisivi. Dur.: 120'.

Con *Video Italiano* lo studente sarà a contatto diretto con la lingua italiana odierna e verrà a conoscenza della cultura italiana in prima persona.

Il corso può integrarsi _Progetto italiano_, in quanto tratta gli stessi argomenti, oppure essere utilizzato separatamente.

CD-ROM Interattivo di Progetto italiano 1

Questo innovativo supporto multimediale completa e arricchisce *Progetto italiano 1*, costituendo un utilissimo sussidio per gli studenti. Offre tante ore di pratica supplementare a chi vuole studiare in modo attivo e motivante. Un'interfaccia molto chiara e piacevole lo rende veramente facile da usare.

Dopo una breve installazione (vedi sotto) e la scelta della lingua (italiano o inglese) per comunicare con il programma ci si trova davanti alla **pagina centrale**. Queste le prime informazioni da conoscere:

Buona parte delle unità del Libro dei testi, ma con molte differenze ... che puoi scoprire!

Attività del tutto nuove, non solo di grammatica, ma anche di ascolto, lessico, elementi comunicativi, giochi...

I testi di civiltà, un po' diversi da quelli del libro, con attività nuove e link per collegarsi a Internet!

Tabelle grammaticali "dinamiche" per una consultazione rapida.

Filmati video per imparare di più sugli aspetti di civiltà che hai visto nel libro.

Tutti i brani del cd audio del libro, da ascoltare liberamente a casa.

Tutti gli elementi comunicativi (dialoghi e attività) per una ripetizione libera.

Suggerimenti e risposte a possibili domande e dubbi sull'uso del CD-ROM.

Gli *strumenti* ti permettono di scegliere la lingua, i colori e modificare il volume dell'audio.

Nel *glossario* c'è la traduzione in inglese e la corretta pronuncia di tutte le parole di *Progetto italiano 1*.

Nella *pagella* puoi trovare e stampare i risultati di tutte le attività che hai fatto.

Questi **comandi** si trovano su ogni schermata. Non è difficile capire cosa significano:

strumenti — tools

pagina centrale — home page

ripeti l'attività — repeat

con o senza audio — audio on/off

play/pause

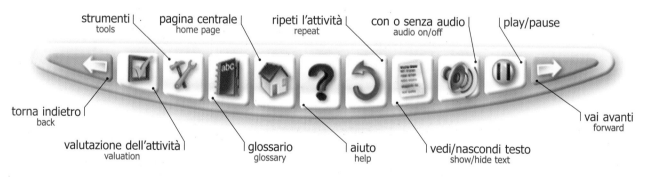

torna indietro — back

valutazione dell'attività — valuation

glossario — glossary

aiuto — help

vedi/nascondi testo — show/hide text

vai avanti — forward

Buon lavoro e buon divertimento!

Installazione: Inserire il CD-ROM nel lettore; fare doppio clic su My computer, sul lettore CD e infine su *setup.exe*; dare tutte le informazioni che chiede il programma e cliccare sempre su next/avanti. **Per avviare il programma**: Inserire sempre il CD-ROM nel lettore CD; cliccare sull'icona creata sul desktop, oppure andare a Start, selezionare Programs e cliccare su Progetto italiano 1. **Requisiti minimi**: Windows 98/Me/2000/XP, Processore Pentium III, lettore CD 16x, scheda audio, 128 MB di RAM, grafica 800x600, 300 MB sul disco fisso, altoparlanti o cuffie.

Installation: Insert the CD-ROM in the drive; double click on My computer, then on the CD drive and finally on *setup.exe*; give all the required information and click on next/avanti. **To start the program**: Always insert the CD-ROM in the drive; click on the desktop icon created during the installation or go to Start, select programs and click on Progetto italiano 1. **Minimal system requirements**: Windows 98/Me/2000/XP, Processor Pentium III, CD-ROM drive 16x, sound card, 128 MB RAM, 800x600 or higher screen resolution, 300 MB free hard disk, speakers or headphones.